Öl och vänner

THE BEARDED LADY
the fine art of books

The Bearded Lady
Tegnérgatan 37
111 61 Stockholm
hello@thebeardedlady.se
www.thebeardedlady.se

Producent: Nygren & Nygren
Recept: Michael Björkman
Text: Magnus Svensson
Redaktör: Berit Lyregård
Grafisk form: Nygren & Nygren
Bildbearbetning: Niklas Arkhammar
Repro: Nygren & Nygren
Korrekturläsning: Silvia Klenz Jönsson
Foto: Joel Wåreus

Vi vill tacka Suzanne Rudels, Carlsberg Sverige,
för hennes engagemang som gjorde boken möjlig.

Tryckt i Kina 2011,
genom Nygren & Nygren AB

Öl och vänner: Den härliga konsten att kombinera öl och mat
är producerad av Nygren & Nygren AB
www.nygrenochnygren.se

NYGREN & NYGREN
The fine art of books

Öl och vänner

Den härliga konsten att kombinera öl och mat

Författare: Magnus Svensson *Recept:* Michael Björkman *Foto:* Joel Wåreus

To my dear old
friend.
Great to hang out!

Enjoy

THE BEARDED LADY
the fine art of books

VASSA
EGGEN
STEAK
HOUSE
Michael Björkm

förord

Att hitta nyckeln till öl och mat i kombination är inte lätt, men spännande. Det började med ett försök för länge sedan att sätta öl till en libanesisk meze, en buffé med många olika små rätter, en verklig utmaning.

Vad är det i kombinationen som gör att ett öl passar fantastiskt och ett annat smakar tvål? För att försöka finna svaret köpte vi hundra olika slags öl och åtta av dem blev referenser. Tre kockar jobbade hårt för att förse oss provare med ölvänliga rätter så vi skulle komma underfund med vad som gjorde kombinationen njutbar.

Därefter började det hårda arbetet med att prova soppor, allt från klara till krämiga, fisk och kött från kokt till stekt, ägg, ostron, skaldjur, ostar och mycket mer. Om en rätt reagerade intressant med något av referensölen, så hade vi andra öl i samma kategori för nya prov, så vi kunde se om annan alkoholstyrka eller mängd humle gav annorlunda resultat. Många fördomar besannades och några krossades, men framför allt fick vi många svar om vad som gör att vissa öl passar till vissa smaker och upplevelser i mat. Visst är det kul att arbeta ibland!

Vi insåg att det är ett problem för gästen att öl brukar beskrivas med bryggtekniska termer. Kunskapen från det stora öl- och mattestet systematiserades till en karta, som istället beskriver öl utifrån smak och färg. Olika typer av maträtter placerades in på en annan karta efter smakrikedom och hetta.

Förhoppningsvis ska resultatet bli till glädje för läsaren i form av härliga upplevelser med öl och mat.

LAGERÖL
FABRIKSMÄRKE
Bryggeriets
Aftappning
BRYGGERIET SVANEN
MATTSSONSKA BRYGGERI AKTIEBOLAGET
Konglig Hofleverantör.
MALMÖ
Kontor Kirsebergsvängen 105. Östra Förstaden och Göran Olsgatan 1. Qv. Svanen.

INNEHÅLL

introduktion

Varför allt snobberi med hur man ska kombinera mat och dryck? Spelar det någon roll vad man dricker för öl eller vin till den mat man ska äta?

Livets bästa minnen är trevliga upplevelser, och sådana får man när kombinationen av mat och dryck är riktigt lyckad. Det kan vara barndomens nybakade bullar med mjölk, den varma chokladen med ostmacka på fjället eller ett svalt öl till det grillade en vacker sommardag. Alla är exempel där mat och dryck är goda var för sig, men tillsammans blir de ännu bättre och ger en upplevelse att minnas.

Öl är en dryck som funnits mycket länge på människans middagsbord. Den har fått ge glans till fest eller något som ska firas, men i modern tid har den fått stryka på foten i konkurrens med andra drycker.

I konsten att kombinera mat och dryck finns det många slags drycker att använda. Tyvärr jämförs de med varandra trots att de har få gemensamma egenskaper. Ofta jämförs öl och vin. Bägge är måltidsdrycker och innehåller alkohol, men det finns mer som skiljer än som förenar. Det är deras olikheter som gör dem spännande och alla drycker ska uppskattas var för sig.

Vin bygger på en aromstruktur och en kombination av syra, sötma, tanniner, alkohol och viss beska. Ölet har ett större aromspektrum än vinet men har i stort bara beska, alkohol och ibland en viss sötma att räkna med i smaken. Det gör att öl beter sig annorlunda tillsammans med mat än vin och kommer att passa på ett annat sätt och ge annorlunda upplevelser i kombination med mat.

Öl har oftast mycket lägre alkoholstyrka än vin. Det gör att ölet kan ta sig an mycket smakstarka kryddor utan att förstöras, vilket ger enorma fördelar mot annan måltidsdryck.

Det svenska kökets grundstenar är sötsalta kombinationer, som ibland får sting av ättika eller pepparrot. De smakkombinationerna passar strålande till många öl. Kanske är det svaret på varför utbudet i Sverige inte bara är stort med många etiketter, utan också med djup i ölstilar och bredd i smaker.

Öl kan vara lösningen på vad man dricker till den regniga tisdagens värmda köttbullar med pasta, fredagens salut för helgen med tacos eller till festens löjrom. Det är en dryck som passar till den stekta abborren med dillmajonnäs eller strömming på hårdmacka, lika väl som till lördagens grillade entrecôte med barbecuesås och rostad vitlökspotatis.

Den bästa kombinationen behöver inte vara den lyxigaste, utan en som förgyller vardagen, kanske något så enkelt som ett mörkt, rostat öl med balanserad beska och lite rostade jordnötter.

Ölets historia

Öl har tillverkats alltsedan människosläktet beslutade sig för att slå ner bopålarna och börja bruka marken. Ölets historia är lika lång som det jästa brödets. Likheterna med bröd i traditioner, tillverkning och trender följer varandra från den tidiga historien till idag. Det har blivit trendigt i Sverige att äta surdegsbröd, samtidigt som vi börjar dricka spontanjästa suröl från Belgien. Från att ha ätit Skogaholmslimpa går vi över till att köpa långjästa bröd med identitet och till att söka spännande öl med stark egen identitet.

Arkeologiska utgrävningar i Mesopotamien, nuvarande Irak, har visat att konsten att brygga öl var känd för mer än 6 000 år sedan. På babyloniska stentavlor har man hittat uppgifter om såväl styrka, som pris och utskänkningsregler för öl.

Till Sverige antas ölet ha kommit för cirka 2 000 år sedan, men skulle man få smaka öl från den tiden, skulle man inte känna igen det som öl.

Öl har druckits för att fira många viktiga tilldragelser och döptes efter sammanhanget till brudöl, barnsöl, gravöl, julöl eller taklagsöl.

Med tiden blev kornmalt den viktigaste råvaran och drycken började kryddas med humle. Det var i hemmen som det mesta ölet bryggdes och det var kvinnornas syssla, lika självklart som att de bakade brödet och senare även brände spriten.

Världens äldsta bryggeri är tyska Weihenstephan i Freising, strax utanför München. År 1040 fick ortens benediktinkloster rätten att brygga öl. Under hela medeltiden och fram till 1600-talet var öl den dominerande drycken till vardag och fest. Under tidig medeltid var öl ett vanligt betalningsmedel och användes ofta som gåva.

Ölkonsumtionen på den här tiden var hög, men ölet hade lägre alkoholhalt. Tilldelningen för en nunna eller en munk i klostren kunde uppgå till 14 tunnor öl per år, vilket motsvarar cirka fem liter om dagen. Även vid speciella högtider och festmiddagar intogs stora mängder öl. Mellan 10 och 14 liter per person var inte ovanligt på en fest i mitten av 1400-talet. Den kraftigt saltade maten var en anledning till den stora öltörsten.

Under krig var det svårt att få tag i rent vatten

och soldaterna föredrog att dricka öl, som fienden hade svårare att förgifta. I den svenska historien, när Sverige var ett land med drömmar om att Östersjön skulle vara ett innanhav, fick vi ta in legoknektar, som både ville ha sin lön i öl och dricka det istället för vatten.

Under 1800-talet utvecklades bryggerikonsten till industri i Sverige. Det första storbryggeriet i Sverige startade 1813 i Göteborg. Det blev sedermera Carnegieska Porterbruket med Carnegie Porter, som det stora varumärket, ett öl som tillverkas än idag.

Från Tyskland spreds den nya konsten att brygga bayerskt underjäst lageröl, som hade långt högre kvalitet och längre hållbarhet än vad som tidigare varit möjligt. För detta krävdes kvalificerad kunskap och stora industriella bryggerier med ny teknik. Officeren och adelsmannen Fredrik Rosenquist af Åkershult är troligen den person som genom tiderna betytt mest för svensk ölkultur. Det var han som införde det bayerska sättet att brygga öl till Sverige. Med tiden utvecklades en svensk variant av det bayerska ölet, det svenska lagerölet. Det hade en ljusare färg och var dessutom mildare humlat och i allmänhet alkoholstarkare.

1877 kan sägas vara startpunkten för den moderna svenska ölkulturen. Det var då en av de verkliga pilsnerpionjärerna, Franz Heiss på Hamburgerbryggeriet, introducerade det moderna ljusa lagerölet på den svenska marknaden. Sina influenser hämtade han från Böhmen och Bayern.

Från början var det svårt att övertyga konsumenterna om att byta det sötare mörka ölet mot det nya, lite beskare, ljusa ölet. Men när Heiss

lyckats omvända den tidens trendsättare i Stockholms innekretsar, spreds sedan nyheten snabbt över landet. Än idag är det den öltypen som är helt dominerande i både Sverige och större delen av övriga världen.

MODERN HISTORIA

Storbryggeriernas underjästa, masstillverkade öl blev på 1900-talet helt dominerande och konkurrerade ut många lokala öl och bryggerier. Men när det massproducerade ölet hotade att helt ta över, vaknade ett nytt intresse för andra slags öl. Som en fågel Fenix har nya öl, ölstilar och bryggerier fått luft under vingarna och tagit världen med storm.

Idag växer bryggerier upp som svampar jorden runt och aldrig har det lagts så mycket energi på att hitta jäststammar, korn, humlesorter eller gamla recept som just nu. Bryggerierna leker med recept och ingredienser på ett sätt som gör att det tillverkas öl som aldrig förut funnits på marknaden. Samtidigt letar entusiaster fram gamla recept och brygger öl som kan tävla med de helt nyskapade. Aldrig har det varit roligare att dricka öl än idag!

PUBAR I SVERIGE

Sverige har en lång historia av utskänkningsställen, där man kunde få något till livs och öl att för att släcka törsten eller sorgerna. Men det var knappast krogar man sökte sig till för kulinariska utsvävningar. Trenden att gå ut och äta på restaurang tog fart på 1950-talet och har bara växt sedan dess.

De riktiga ölpubarna startade i slutet av 1980-talet. Jämför vi antalet olsorter som de flesta krogar hade i början av 80-talet med hur det ser ut idag, så förstår man vilken revolution som skett.

I slutet av 1970-talet fanns det mindre än 100 serveringstillstånd i Sverige, nu i början av 2010-talet finns det mer än 13 000. Numera hör man svenskar skratta åt begreppet "en stor stark". Ändå är det inte mer än drygt 20 år sedan som det var det enda i ölväg som fanns på krogen. Vi var ett land med ett ölsortiment som delades upp efter alkoholskatteklasser snarare än smakbredd.

Idag kan vi i Sverige lättare hitta häftiga, annorlunda och spännande öl än i många länder och regioner med lång öltradition. Att både kunna hitta öl från västkustbryggerier i USA och rökiga öl från Bamberg i en och samma butik eller krog är unikt för Sverige och spännande för alla oss som vill njuta av öl.

Det ljusa lagerölet förändrade svensk ölkultur.

LARSSONS BRYGGERI AKTIEBOLAG
PILSNER ÖL
LINKÖPING

MÜNCHENER ÖL
CARL F. ANDERSSONS BRYGGERI NORRKÖPING.

PILSENERBIER
NYA BRYGGERIET
UPSALA

KLASS II
SUNDSVALLS BRYGGERI AKTIEBOLAG
PILSNER
SUNDSVALLS
PILSNER
SUNDSVALL.

KLASS II
PILSNER
BRYGGERIBOLAGET NYKÖPING

A.W. PRIPPS BRYGGERI
GOOD TEMPLAR ÖL
WERNAMO.

BRYGGERIETS EGEN TAPPNING
BJURHOLMS BRYGGERI
KONGL
HOFLEVERANTÖR
PORTER
PARIS 1900
LONDON 1901
STOCKHOLM 1897
STOCKHOLM

HAMBURGER
BÖ
LAGER ÖL
KONGL HOF-
LEVERANTÖR
HAMBURGER BRYGGERIET
STOCKHOLM

KLASS I
Gnesta
LJUSA
INNEHÅLLER SACKARIN
GNESTA BRYGGERI AKTIEBOLAG
Telefon 34
GNESTA

38830
MÜNCHNER ÖL
FABRIKSMÄRKE
Bryggeriet
Stenbocken
MALMÖ.

FÖRENADE BRYGGERIERNA
AKTIE-BOLAGET
LYCKEBY
CARLSKRONA
SWEDEN
EXPORT BEER
TRADE MARK
SHOULD BE KEPT UPRIGHT AND OPENED WITHOUT SHAKING
LYCKEBY OCH
i CARLSKRONA

PILSNER ÖL
NORRKÖPINGS
SKYDDS MÄRKE
NS Br Akt.B.
BRYGGERI AKTIEBOLAG

TYSKA BRYGGAREGÅRDENS BRYGGERI
BAYERSKT LAGER ÖL
Buteljeradt af
ADOLF WAHLGREN
SILVER MEDALJ
CARLSHAMN 1865
1
WEXIÖ
CARLSKRONA
351

TRANÅS BRYGGERI
AKTIEBOLAG
Pilsener Öl
BRYGGERIETS
TAPPNING

PRIPPS
ÖL
II B
PRIPP-BRYGGERIERNA AB

Bästa sättet att njuta sitt öl

Det finns många skrönor om hur man njuter ett öl bäst. Vissa säger att det ska hällas upp i sju minuter eller att man ska kunna lägga ett mynt på skummet. Andra hävdar att det ska vara rumstempererat, när det serveras, för att alla aromer ska komma till sin rätt. Men det viktigaste är vem som ska dricka ölet och i vilket sammanhang. Alla öldrickare har sina preferenser och var och en har sin åsikt om hur ölet smakar som bäst.

UPPHÄLLNING

Det finns många skolor när det gäller hur ett öl ska serveras. Mycket är kulturella skillnader beroende på från vilket land ölet och den som häller upp kommer och vilken teknik som finns tillhands.

Att öl ska hällas långsamt kommer ofta från en gammaldags teknik av fat och kranar, som gav mycket skum vid hällning från fat. Då tog det tid att fylla ett glas, men tyvärr förstörs ofta smaken på skummet vid långsam upphällning. Ett öl som hälls upp under lång tid och med mycket väntan, brukar få ett skum som smakar oangenämt metalliskt. Kolsyran är det som ger ölen liv. Många tycker inte om att dricka öl utan kolsyra så var rädd om den!

Ett sätt att hälla som fungerar bra på de flesta öl, är att hälla ölet i ett glas som hålls i 45° vinkel. När glaset nästan är fyllt, rätas glaset upp och den sista skvätten öl hälls i så ett skum bildas under ytan, som i en välhälld Guinness.

Tips! Prova gärna att hälla upp en öl långsamt och en lite snabbare. Smaka sedan på skummet! Är smaken metallisk så har smakämnena förstörts under skumningen.

När det gäller veteöl med fällning är det viktigt att fråga den som ska dricka ölet om han vill ha jästen med eller inte. Om inte personen vill ha jästfällningen kvar, häll då ölen försiktigt och lämna kvar skvätten jäst i botten av flaskan. Om den som ska serveras tycker om det som jästen ger till ölen, häll då försiktigt upp nästan hela ölen i ett glas lutat i 45° vinkel. När bara jästfällningen återstår, hälls jästfällningen försiktigt över skummet i glaset.

TEMPERATUREN

Vad som är bästa temperaturen att njuta sin öl, beror på en mängd faktorer: vädret, årstiden, typ av öl och tillfälle. Ölen kommer säkert att leva i glaset i minst femton minuter innan den är urdrucken. Det gör att det är bättre att hälla upp ölen kall och låta den värmas upp under tiden den njuts.

Ljusa öl serveras svalare än mörka öl och lagrad öl serveras varmare än olagrad. Fruktigheten i ölen kommer att vara större vid högre temperatur men serveras den för varm, så kommer ölen att kännas obalanserad. Vid svalare temperatur kommer aromerna att minska och grundsmakerna att öka. Det gör att ölen kännas beskare och stramare. För att få en riktigt svalkande öl kan man frysa glasen och servera ölen kylskåpskall. På så vis utnyttjar man den stramhet eller markerade beska som ölen då får. För att få full kraft i öl till mustiga maträtter kan det vara härligt att servera ölen så svalt som 12–14 grader. Det får aromerna och smakerna att lekfullt samspela med varandra. Låt den som ska dricka ölet bestämma och ha sin åsikt!

NYBRYGGT ELLER LAGRAT?

De absolut flesta öl ska drickas så unga som möjligt. Redan dagen efter ölen hamnade på flaska är den lite åldrad. Vissa öl kommer bäst till sin rätt efter en kort lagring och vissa öl går att dricka både unga och efter två–tre år. Mörka öl med mycket kropp går att lagra och ger då en annan njutning än som unga och tillför en extra upplevelse. En svensk klassiker när det gäller lagring av öl är Carnegie Porter. Som ung upplevs portern fruktig och rostad och med tiden blir den chokladig, med toner av torkad frukt.

GLASET

Glaset har en stor betydelse för hur ölen kommer att uppfattas. Öl som är ljusa och lätta eller med markerad beska kommer att få mer stram upplevelse i ett högt och smalt glas med liten öppning. Ju mer färg och alkohol i ölen, desto mer kupa ska glaset ha och större öppning. Använd gärna något av de många olika slags vinglas som finns på marknaden och prova dig fram till vilket glas som passar dina favoriter.

Ölglas bör inte stå i ett skåp med stark doft, det kommer att påverkar ölen till det sämre. Tänk även på att glaset måste vara riktigt rent. Spola vatten i glaset och häll sedan snabbt ut det så ser du om vattnet lämnar glaset eller bildar droppar på insidan. Ett helt rent glas beter sig på samma sätt som en nyvaxad bil, vattnet rinner av utan att lämna droppar.

Ljusa öl med markerad beska ska gärna serveras i smala glas med liten öppning.

Corona Extra
JACOBSEN
KILKENNY
Bud
TUBORG
Asahi
スーパードライ

Vad smakar öl?

När vi talar om hur ett öl smakar, är det oftast dess doft som vi beskriver och inte smaken! Mycket av det som öl "smakar" är i själva verket dess arom. Upplevelsen av ölet är en kombination av aromerna och smaken, men kom ihåg att hjärnan är lat och lätt lurar dig. Vissa mycket mörka öl beskrivs som kraftiga och smakrika för att de har en mörk och tät färg, när de egentligen är lätta, friska och läskande.

Mycket av ölets unika förmåga att gifta sig med maträtter kommer av dess stora aromatiska bredd. Den rostade smaken på en grillad biff kommer att passa som hand i handske till öl som görs på rostad malt och har fått en gyllene färg.

Om en belgare, en engelsman, en svensk och en tjeck skulle träffas och prata öl, så skulle de ibland ha svårt att förstå varandra. Det beror på att det är stora kulturella skillnader i fråga om hur ett öl ska smaka och hur det ska drickas. Och skulle de skriva var sin bok om öl så skulle böckerna bli mycket olika.

Att försöka kategorisera världens alla öl är lika svårt som att kategorisera människorna i världens alla länder. Någon kan säga att svenskar har en viss karaktär, men om man går ner på individnivå är det stora skillnader. Samma sak är det med öl. Grovt förenklat kan man beskriva amerikanskt öl som tunt i smaken, men det fanns år 2010 mer än 1 600 bryggerier i USA. Där bryggs öl i alla världens befintliga ölstilar plus ett stort antal öl som historiskt inte har bryggts förut. Visst kan man säga att belgiska öl är kraftiga, men det finns alla stilar och smaker i belgiskt öl; förenklingen fördummar.

Ofta beskrivs öl utifrån bryggtekniska termer, hur det jästs eller humlats, men sällan utifrån smak. Sverige saknar liksom USA en gammal ölkultur. Av det skälet kan vi se öl ur lite friare perspektiv och hitta andra sätt att beskriva ölen på. Även om det geografiskt och kulturellt är många mil mellan bryggerierna så kan de ha många likheter.

VAD GER FÄRGEN?

Ölets färg beror oftast på vilken malt som används. När malten rostas får det olika färger från ljust halmgul till mörkt chokladigt svart. Rostningen sker i olika temperatur och tid och är lättast att jämföra med rostning av bröd. När bryggmästaren bestämmer vilken stil han vill ha på ölet, kan han välja att blanda rostningar för att uppnå rätt färg. Även vissa ljusa öl kan ha en liten del mörkare malt i blandningen för att ge djupare smak. Liksom vid

Det är maltens rostning som ger färgen på ölet och olika smakupplevelser.

gräddning av bröd, kommer smaken till stor del att avgöras av rostningen. Olika rostning ger olika smakupplevelser, som kan variera från halmigt grönt till kaffe!

Färgen kan även påverkas av tillverkningssättet, som i ett veteöl, där man lämnat kvar jästfällningen. Även valet av råvara, ris, vete eller korn, kommer att påverka ölets färg.

VAD GER ÖLET DESS SMAK?

Smaken i ett öl beror mycket på vilka sockerarter, som man lyckats få fram när stärkelsen spjälkades. Jästen man använder kommer också att ha stor inverkan på ölets smak, något som är ganska okänt. Även jäsningens temperatur och längd kommer att påverka. Det ger smaker alltifrån knäckebröd till citrus, blommor och kryddpeppar.

Mycket av smaksättningen och parfymeringen av ölet kommer från humlen. Bitterhumle ger bitterheten som är ryggraden i ett öl. Upplevelsen av ölets bitterhet beror på hur integrerad beskan är med övriga ingredienser, som till exempel malt. Vissa öl kan ha mycket mätbar humle, men ändå uppfattas som balanserade, medan en del öl kan kännas beska utan att ha höga halter av bitterämnen.

Aromhumlen ger, som namnet antyder, mycket arom till ölet beroende på vilken humle eller kombination av humle som används, vilket gör att öl kan variera oerhört i doft. Humledoften i öl kan ha toner av gräs, barrskog eller till och med grapefrukt eller tropisk frukt.

Mängden malt kommer att påverka alkoholhalten, men här kommer även bryggmästarens kunskaper in. Det handlar om blandningar av malt eller hur han behandlat den innan jäsning, vilket kan ge sötma, fyllighet och massor med andra upplevelser.

Ölkartan

Kartan här nedan är vårt sätt att beskriva vad öl smakar. Öl kan ha mycket färg och smaka lite eller vara ljust med mängder av aromer och smaker och det har vi tagit fasta på. Vi vill inte fastna i bryggtekniska termer; vi utgår från upplevelserna i glaset. Den stående axeln visar ölets smakintensitet och den liggande axeln ölets färg.

I varje fält finns det självklart öl i en mängd stilar och aromer, som gör dem unika och närmar dem till någon angränsande box. Om ditt favoritöl inte finns med bland våra exempel så titta på färgen och smaka, lägg sedan in det själv i din ölkarta. Ölvärlden är gigantisk, men alla öl har en plats någonstans på kartan. Det är upp till den som dricker ölet att placera in det på ölkartan och börja fundera över vilken mat det passar till.

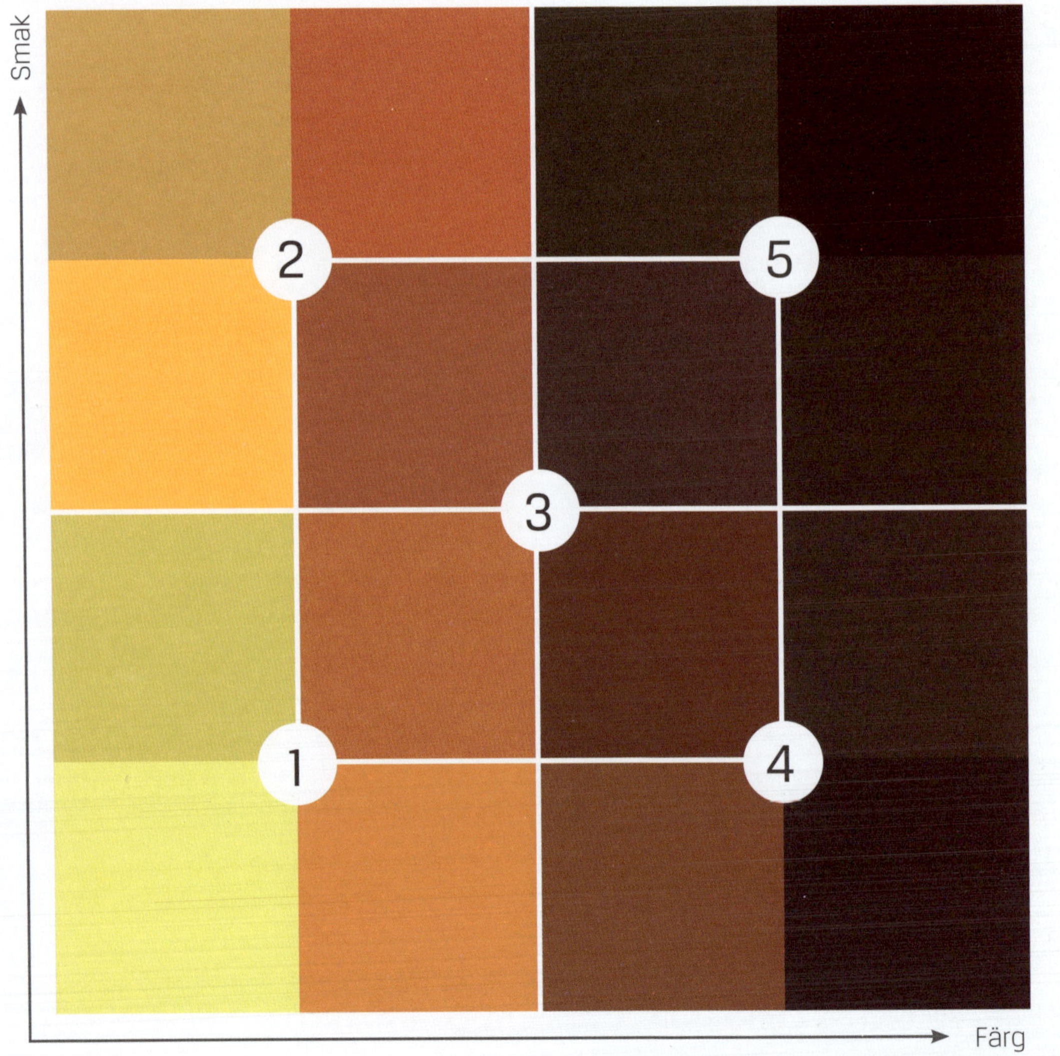

FÄLTEN OCH TILLHÖRANDE ÖL

Ölsorterna som vi placerat i hörnen ska ses som exempel. Det finns självklart många andra öl som skulle kunna placeras på samma punkt som dem som vi har satt som markörer. Många öl kan höra hemma mellan två av våra exempel och vissa öl kan ligga på gränsen till ett fält bredvid.

1. LJUSA OCH FRISKA

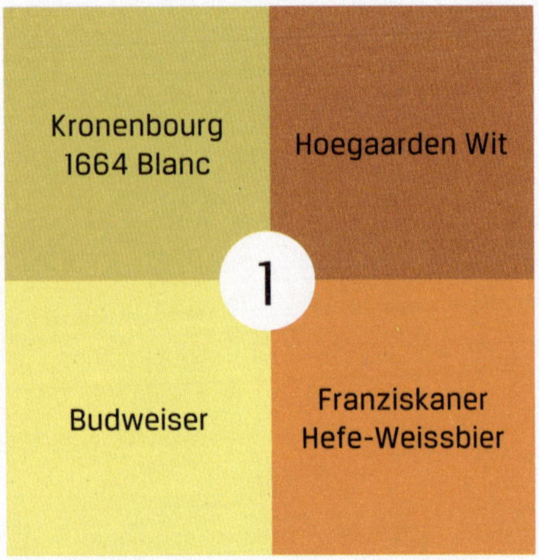

Många av dessa öl är friska och lätta och främst gjorda för att ge glädje och svalka. Samtidigt är åtskilliga av dem några av ölvärldens bästa problemlösare, när man ska kombinera mat och dryck. Ölen kan vara från friska veteöl till lätt fruktiga öl.

Budweiser
(*Vänstra nedre hörnet*)

Här finns de självklara törstsläckarna för en solig dag eller öl passande som sällskapsdryck, när man träffar gamla och nya vänner. Till mat fungerar dessa öl som en lösning till chilihet mat, som kräver ett läskande öl för att inte hettan ska accelereras och bränna gommen. Till strama rätter, som man inte vill störa med andra smaker, är dessa öl perfekta eftersom de underordnar sig maten.

Kronenbourg 1664 Blanc
(*övre vänstra hörnet*)

Dessa öl är bra till mat, men även som sällskapsdryck. Ölen passar ofta bra till smörgåsbordets rätter, till sill och strömming, där många olika smaker ska samsas.

Veteöl är gruppens arbetshäst och gör sig bra till i stort sett all mat. Ölet är stramt men inte lätt. Ölets mjukhet gör att det kan serveras till den heta thailändska maten utan att förstöra eller förstärka smakerna. De fina tonerna gör att ölet passar till fisk och skaldjur, men även till smakrika rätter med kött. Ofta är det de lätta veteölen som är lösningen på alla öl- och matproblem, förutsatt att man har gäster som gillar veteöl! Veteölen är strålande till aromatiska ostar och getostar.

Franziskaner Hefe-Weissbier
(*Nedre högra hörnet*)

Ölen här har ofta fått lite mer färg av jästfällningar eller av lite rostad malt. Ölen kan variera från friska veteöl till lätt brödiga öl.

Dessa lätta och friska öl är utmärkta till mycket lätta rätter som sallader eller rätter med hetta och aromatiska kryddor, som kan störa kombinationer med mat. De passar till asiatisk mat med hetta eller kryddor. Många matiga sallader med mycket smaker, men inga som sticker ut, passar mycket bra med dessa öl.

Hoegaarden Wit
(*Övre högra hörnet*)

Ölen i det här hörnet är ofta bra till bufféer med många smaker och där många personer ska äta och umgås. De har en doft och smak som passar till mycket på midsommarfesten och smörgåsbordet. De kryddade veteölen är särskilt bra till asiatisk mat eller mat som har heta kryddor eller aromatiska kryddor. Ölsorterna är goda i sig, men passar också till många fisk- och skaldjursrätter.

---

2. LJUSA OCH SMAKRIKA

Här finns de ljusa öl som går från ljusa mellanöl, typ Carlsberg Hof, via Becks till fruktigt smakrika, ljusa belgiska ale.

I denna ruta hittar du de öl som de flesta tänker på när ordet öl nämns! Smaken går från fruktigt till brödigt med en balanserad till markerad beska. Aromerna är från citrus till brödigt, dofter av örter eller barrskog.

Dessa öl är det självklara alternativet till mycket av det alldagliga, som pizza och hamburgare. Ölen trivs med många smaker på det svenska midsommarbordet, men fungerar även när man inviterat nya vänner.

Budvar
(*Nedre vänstra hörnet*)

Ölen är perfekta till buffén med många smaker och många gäster. Ölens lätta brödighet passar bra till det mesta som ljust bröd passar till. De här ölen är en självklar dryck i goda vänners lag. Ölens lätta beska gör att de passar till lite fetare mat. Det är öl som är bra till panerad mat, som schnitzel eller panerad fisk.

La Trappe Witte Trappist
(*Övre vänstra hörnet*)

Smakrikedomen i de här ölen gör att de passar till smakrik mat med ljust kött eller fisk och skaldjur. Ölen är goda till många svamprätter, som kantarellstuvning eller smakrika musselrätter. De passar även bra till mycket grillat eller stekt, där frukten hos ölen ger ljuvliga kombinationer. Den stora doft- och smakrikedomen gör att de även passar till matiga sallader och risotto.

Carlsberg Sort Guld
(*Nedre högra hörnet*)

Ölen trivs ihop med rätter som har en lätt sälta, som får ölen att rundas av och ger större arom. Mycket av maten hör till de svenska mathögtiderna, rätter som har en viss sälta och är lite feta, vilket gör öl från den här kategorin till ett perfekt val. Öl med högre beska trivs bra i sällskap med lite fetare rätter, där beskan lättar upp rätten. Många av ölen här passar till en blandning av rätter då de har lite av allt, utan att sticka ut. Ölen är ett ljust alternativ till bufféer eller i liknande sammanhang, där många smaker ska samsas.

Brooklyn Lager
(*Övre högra hörnet*)

Det här är häftiga öl, som går bra till mat med krämiga konsistenser som svampsås, bearnaise och potatisgratäng, där beskan lättar upp rätten. Rätterna får gärna vara grillade eller stekta för att gifta sig med de lätta rostade toner som finns i ölen. Ölen trivs med rätter som har en lätt sälta, som får ölen att rundas av och få en större arom. Självklart passar ölen bra till allt rimmat och rökt, som stekt fläsk. Ölens smakrikedom kan berika rätter som Caesarsallad med parmesan och sardell, där ölens beska minskar samtidigt som aromen ökar och gifter sig med matens ljuvliga toner.

3. LÄTT ROSTADE OCH BALANSERADE

I mitten finner vi de öl som fått en bärnstensfärgad rostning, allt från mörka veteöl, lätta ale till tjeckiska och tyska mörka lageröl samt dova, mörka belgiska ale.

Ölen har ofta en viss beska med en läckert rostad ton, som går från rostad honung till rostat bröd. I doften kan man även finna knäck och citrus. Mycket av den svenska husmanskosten passar att komplettera med ett gott bröd med välrostade toner och sådana har också ölen här. Lika enkelt som att den stekta strömmingen passar med ett välrostat knäckebröd så passar många av dessa öl till sådana maträtter. Fruktigheten och rostningen kommer att vara strålande till många stekta fiskar eller kötträtter och gör det enkelt att finna kombinationer. På frågan vad som passar till bufféer, där det finns mängder av smaker och tillbehör så kommer troligtvis svaret att vara en öl ur denna ruta. Till det svenska julbordet eller smörgåsbordet så kommer ölen ur denna kategori att vara det bästa alternativet. De rostade tonerna i ölen smyger in och flätar ihop sig med stekaromerna i maten och skapar bra kombinationer. Dessa balanserade öl, som ligger i mitten, passar till oändligt många rätter. Ölen har en beska, men den sticker inte ut, de har en alkoholhalt, som är måttlig och inte kommer att sticka ut i kombinationer med hetta.

Erdinger Dunkel
(*Nedre vänstra hörnet*)

De lätt rostade ölen med medelstor smak och rostade toner är bra till många rätter där det passar med rostat bröd. Den markerade beskan gör sig bra med feta såser och gratänger

En riktigt bra problemlösare är veteöl med rostad malt. Sådan öl har rostade toner, men dess renhet och stramhet gör att det nästan kan kombineras med vad som helst från stekt abborre till chili- och korianderkryddat lamm från Nordafrika.

Staropramen Dark
(*Övre vänstra hörnet*)

Här finns några av de stora matölen. Deras beska gör att de passar bra till allt kött från gris, oavsett om det är kokt, grillat eller i form av pölsa. Den rostade tonen gör att de passar till stekt och grillat av fisk, fågel, lamm och nöt. Tillbehören får gärna vara salta eller krämiga. Mycket av det friterade på tallriken passar till dessa öl.

Kilkenny
(Högre nedre hörnet)

Dessa öl med "lagom" av allt passar till det mesta. Ölen kan vara törstsläckare men även kombineras med massor av mat som lätta skaldjursrätter, grillat lamm eller kolasmakande efterrätter. Många rätter från grillen som BBQ-mat, korvar och heta grillspett går även de bra med de här ölen.

Dessa öl kan vara lösning när man ska kombinera chilihet indisk mat, libanesiskt kryddig mat eller något från det nordafrikanska köket.

Flera av dessa öl kan kombineras med efterrätter som färska bär och vaniljsås eller lätta chokladdesserter.

Leffe Brune
(Övre högra hörnet)

Dessa smakrika men mjuka öl är bra till många vilträtter med smakrika tillbehör. Ölen passar även bra till många hårdostar. Den rostade malten och smakrikedomen gör att de passar till det mesta från grillen, som fisk- och skaldjursspett eller den grillade entrecôten.

4. MÖRKA OCH FRISKA

Här finner vi mörka irländska stout, som med svart färg och tjock skumkrona lurar ögat att tro att de är kraftiga, när de i själva verket är lätta i smak, med en härligt läskande friskhet. Många bra måltidsöl finns här, men även friska törstsläckare, som passar bra som pratöl. Ölens friska stil är användbar till rätter med viss hetta eller till smakrika skaldjur.

Franziskaner Hefe Dunkel
(Nedre vänstra hörnet)

Många av ölen här passar bra till het kryddad mat eller till lätta rätter som kan ha en stekyta, som stekt kyckling med en fräsch sallad. Ölens lätta smak och låga alkoholstyrka gör att de passar till många maträtter.

Falcon Bayerskt
(Övre vänstra hörnet)

Den lätta stilen gör att dessa öl passar bra till samtal, men även som en problemlösare till sallader med kyckling eller bacon. Ölen kompletterar, men tar inte över. Öltypens lätta rostade toner passar bra till stekt fisk eller fågel. Ölen passar även bra till lätta skaldjursrätter och vinkokta musslor.

Guinness
(*Nedre högra hörnet*)

Som många på de brittiska öarna vet och har lärt oss andra, så är det här perfekta törstsläckare att njuta med vänner och en skål jordnötter. Visst har de en mörk färg men smaken är lätt och fruktig och med en kyss av rostning.

Dessa lätta men färgrika öl har användningsområden som spänner från det friska nyfångade ostronet till musslor och till det grillade köttet. Ölen kommer att följa maten utan att ta över. De är en smidig aktör som anpassar sig till den miljö, där de hamnar.

Guinness Extra Stout
(*Övre högra hörnet*)

De här ölen har rostade toner, som smyger in och anpassar sig till musslorna eller de stekta korvarna. Den relativt låga alkoholhalten och bitterheten gör att de passar till mycket. Ölen passar i sammanhang där man skulle välja mörkt bröd och pumpernickel. Deras mörka toner gifter sig väl med hårdostar och vilt.

5. MÖRKA OCH SMAKRIKA

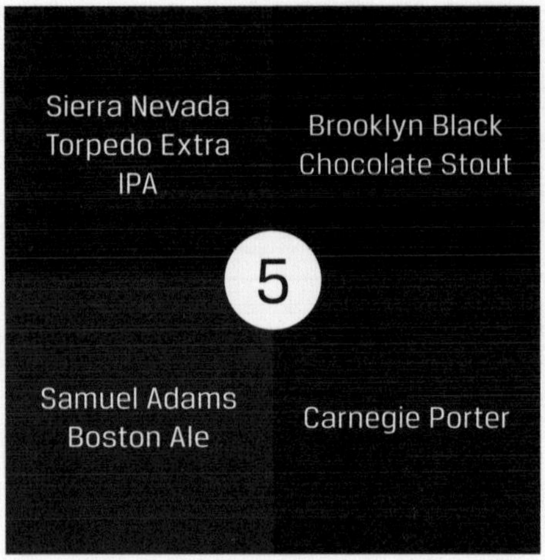

Här finns några av ölvärldens största stjärnor och egoister. Ölen kan vara allt från trevliga, rostade öl med massor av allt, till riktiga tävlingsöl, som kanske passar bäst i provning. Ölens kraft kan ge roliga kombinationer till vilt och smakrikt kött, men flera har häftiga aromer som choklad, citrus, julkryddor, kaffe och knäck, som gör dem till spännande aktörer vid kombinationer med mat.

Samuel Adams Boston Ale
(*Nedre vänstra hörnet*)

Dessa fullvuxna, smakrika öl går att kombinera med smakrika rätter. De rostade tonerna gör att de fungerar med det stekta och grillade, men de behöver kombineras med tillbehör som är krämiga eller med markerad sälta. Ölen passar till en mängd ostar. Till höstens smakrika grytor kommer deras smakrikedom väl till pass.

Sierra Nevada Torpedo Extra IPA [redacted]
(Övre vänstra hörnet)

Det här är tungviktsklassen, där ölen har massor av maltighet, rostade toner och ofta lite högre alkohol. Den mystiska humlen finns ofta i mängder, även om den göms i den stora kroppen. Ofta kan de här ölen ha en markerad beska, som kan användas till feta rätter för att friska upp dem.

Dessa öl kan man låta vara divor och bara komplettera med mat med sälta och krämiga smaker, det får deras stjärna att lysa än starkare.

Här kan man välja att balansera kraften eller att låta ölen få vara stjärna. För ölfantasten kanske några av världens bästa öl finns här, men de är inte alltid så enkla att kombinera med mat. Många av de här ölen vinner på att drickas till rätter med markerad sälta och krämiga konsistenser.

Vissa av dessa öl har så dominanta smaker att de borde ha varningstext mot att kombinera med mat. Allt kan hända med de här muskelknuttarna, men lyckas man, väntar en stor njutning.

Carnegie Porter [redacted]
(Nedre högra hörnet)

Dessa mörka öl med choklad och kaffe i doften kan vara underbara att kombinera med kraftiga älggrytor eller chokladefterrätter. De kan vara underbara till smakrika ostar eller till rätter, som domineras av ost.

Det är alltid lätt att jämföra öl med bröd. Här blir det självklart, när man tar en bit inlagd sill till portern och man hör änglar sjunga. De mörka bröddoftande ölen är självklara i alla sammanhang där det passar med mörkt, välrostat bröd.

Brooklyn Black Chocolate Stout [redacted]
(Övre högra hörnet)

Här har vi ölens giganter med extra allt! Ölen har kraft i både smak och doft. De är häftigt kolsvarta och har ofta hög alkoholstyrka. Ölen har ofta en kraftig egen doft av choklad, kaffe eller julkryddor och de kan vara roliga att kombinera med mat.

Här kan man välja att balansera kraften eller låta ölen vara stjärnor. För ölfantasten kanske några av ölvärldens häftigaste drycker finns här, men de är inte alltid så enkla att kombinera med mat. Många av dessa öl vinner på rätter med markerad sälta. De är en underbar kombination med inlagda sillar, som då får en tuff match, men där båda blir vinnare.

När man ska dricka dessa öl till mat måste man vara medveten om att de kan ta över allt. Risken finns också att någon av ölens egna smaker sticker iväg och ger obehagliga överraskningar.

Ölen passar ofta till ostar med markerad sälta och är en bra kompis tlll julosten.

Vad smakar mat?

Vad smakar maten? Har du lyckats i köket blir förhoppningsvis svaret ”gott”. Men gott är en upplevelse, nog så viktig, men som inte säger något om själva smaken. Vad som fick maten att smaka gott är en kombination av hur munnen och näsan tolkade rätten, mot bakgrund av den ätandes kultur och erfarenheter.

Här några grundstenar, som bygger upplevelsen av olika maträtter. Att känna till dem underlättar när man vill förstå hur smaker, aromer och preferenser samspelar, vare sig man vill stryka dem medhårs eller mothårs.

MUNNEN

Munnen är ett ganska enkelt sensoriskt instrument, som bara kan känna de fem grundsmakerna sött, surt, salt, beskt och umami. Det kan finnas fler grundsmaker, men om det tvistar de lärde.

Vi kan även känna konsistenser i munnen. Vem har inte tagit en tugga av knäckebröd som legat och blivit mjukt, och känt besvikelsen?

Temperaturkänsligheten i munnen är också viktigt för upplevelsen på många sätt. Känslan för salt till exempel ökar med temperaturen. Och om den mat som ska vara varm bara är ljummen, får vi missnöjda gäster. Temperaturskillnader är viktiga att leka med; en klick sval crème fraiche på den heta gulaschgrytan kan göra underverk.

”Åh, vad gott”, är upplevelsen när tuggan i munnen tolkats som njutbara konsistenser och har registrerats positivt av smaklökarna och doftsinnet.

SÖTMA

Sött är en härlig smak, som vi alltid har älskat men som idag har fått ett skamfilat rykte. Många tror att socker är lika beroendeframkallande som heroin. Nu får man ofta höra att maten och drycken ska vara fräsch!

Sötma byggs av olika kombinationer av sockermolekyler, som smakar olika mycket och olika länge. Tänk på skillnaden mellan en druvsockertablett och en sockerbit så blir olikheten mellan sockerarterna tydlig.

Öl är bryggt på sockerarten maltos, till största

delen, och den har också sin speciella smak och särart.

Ett av matlagningens största mysterier är den härliga upplevelse som läkaren och kemisten Louis Camille Maillard förklarade för 100 år sedan. Maillard-reaktion kallas fenomenet, som uppstår när vissa sockerarter möter en hög temperatur och som gör att maten smakar mer. Tänk när den tråkiga skivan formfranska möter värmen i brödrosten. Upp hoppar en gyllene brödskiva, som smakar mer och godare! Maillard-reaktionen är också skillnaden mellan kokt och stekt kött, och får det stekta att smaka mer. Hur det går till när den blir grå inuti och torr är en annan historia, där värmen spelar ett spratt. Att bryna sockret i pannan innan man slår på vätska kommer att påverka hur sötman i rätten smakar.

Sötma finns i en lång rad maträtter och råvaror, självklart i socker, sirap och honung men även i frukt och bär. Mejeriprodukter har olika grader av sötma från mjölk till ost. Rotsaker ger också sötma i mat. Beroende på tillagning kan den vara som hos en stram rå morot, till den nästan godissöta, ugnsrostade palsternackan.

Många färdiga såser är söta i sig och kan användas för att göra maten mer komplex eller för att få drycker att passa ännu bättre. Några exempel är den självklara ketchupen, liksom asiatiska såser, sweet chili och chutney. Även annat kan bidra till sötma, som till exempel inlagd gurka, gelé, senap eller kokosmjölk. Vissa skaldjur har också en sötma som påverkar den färdiga rätten.

SÄLTA

Sälta är den grundsmak där toleransnivån skiljer mest från person till person. Kroppen behöver salt. Den som har varit och tränat och svettats ut salter kommer att känna sig sugen på salt. Till en viss gräns förstärker salt matens smak.

Salt är ett spännande kapitel och handeln med salt styrde världsekonomin under långa tider.

Salt används ofta som konserveringsmedel i produkter som ansjovis och fiskrom, rökta charkuterier och lax, rimmat kött och fisk samt inläggningar. Hur salt man upplever en rätt påverkas av vid vilken temperatur den äts. En halstrad, gravad lax uppfattas till exempel som saltare än när man äter den kall.

Sälta är den smak som vi lättast vänjer oss vid. Tänk på att inte översalta om du hör till dem som brukar salta rejält; de inbjudna gästerna kanske är mer saltkänsliga än du själv.

SYRLIGHET

Syrlighet eller friskhet i mat har blivit allt mer populärt. I och med att rädslan för socker ökar så har människor börjat uppskatta fräsch mat med hög friskhet. Vår upptäckarglädje har lärt oss tycka om andra kulturers mat och det har gjort att vi använder såväl citron på köttet som olika sorters vinäger i köket.

Vid hög friskhet i maten reagerar munnen och försöker kompensera det sura med att öka salivproduktionen, snålvattnet rinner. Många rätter skulle smaka mindre gott utan den härliga friskhet som till exempel rårörd lingonsylt ger.

Vinsåser, vinäger och ättika tillför syra till det som serveras på tallriken. En syrlighet finns även i vissa ostar och syrade mejeriprodukter, som yoghurt, fil, crème fraiche, gräddfil. De flesta frukter och bär har hög syra.

BESKA

Beskt och bittert är två sidor av samma mynt. Beska är en av de svåraste smakerna att lära sig tycka om! Många av de gifter som finns i naturen har en bitter smak, därav människans medfödda skepsis. Beska är en vuxen smak, som det går att vänja sig vid med träning och god vilja, men man får börja lite försiktigt.

Det sägs att 10 procent av befolkningen inte

reagerar på beska. Det gör att de tolererar rejält beskt mat och dryck. Det finns även en grupp som är extremt känsliga mot beska och de kommer aldrig att uppskatta beska droppar eller endivsallad!

En viss beska finns i alla gröna blad och växter, liksom i många frukter och bär. Den finns även i kakao. Om maten blir för hårt stekt så kommer den att smaka beskt.

UMAMI

Umami beskrevs vetenskapligt först av en japansk kemiprofessor, Kikunae Ikeda. Han hade märkt att en speciell tångart fick mat att smaka godare. Än idag så är det från kombu-tång, som glutamat utvinns för att förstärka smaken på exempelvis färdigmat, buljongkoncentrat och såser.

Umami finns naturligt i många råvaror, en del som anses lyxiga i vår kultur som fiskrom, ostron och skaldjur, andra mer vardagliga som tomat och svamp. Också feta fiskar, som lax, innehåller umami. Umami finns även i köttet från långsamt uppväxta djur, hängmörat kött, lufttorkad skinka och lagrade ostar. En riktigt bra fond, som kokat i timmar, har en rejäl dos umami, som gör att såsen smakar det där lilla extra.

Många färdiga såser innehåller umami, som asiatisk soja, fish sauce eller ostronsås.

Att beskriva vad umami smakar är lika svårt som att beskriva de övriga grundsmakerna eller att beskriva färgen gult för någon som inte har sett den förut. Men den bidrar starkt till upplevelsen ”gott” redan på spädbarnsstadiet, eftersom umamismakande glutaminsyra finns i bröstmjölken.

En viss beska finns i alla gröna växter, här koriander.

STYRKA/HETTA

Upplevelsen av hetta eller styrka i mat får man inte bara med chilifrukter eller peppar utan även av senap och pepparrot. Alkohol kan också ge en brännande upplevelse, som upplevs som hetta.

Det som händer är att vi leker med smärtförnimmelsen i munnen. Det låter lite konstigt, men den sortens smärta kan vara en väg till njutning. Att servera en kall hallonmilkshake med några droppar tabasco, gör att det som först kändes svalt, börjar ge en varm känsla. Den som satte sugröret till munnen och började sippa på sin milkshake har fått en extra upplevelse.

Det är inte för inte vi har peppar på bordet, en krydda som kan reta smärtreceptorerna och lyfta maten till en ny nivå. Hur mycket styrka som ska tillföras maten beror på vad som ska tillagas och vem som ska äta maten. I vissa rätter är hetta en självklarhet, i andra, som i milkshaken, kan styrkan tillföra en ny upplevelse.

Acceptansen för hetta/styrka i mat är något

man kan öva upp. För vissa blir det som en drog som de inte kan vara utan; kroppen stimuleras att belöna systemet med njutning.

KONSISTENS

Konsistensen på maten är viktigt för upplevelsen av rätten. Janssons frestelse eller potatisgratäng uppskattas för sin krämighet. Förväntningarna på hårda eller mjuka konsistenser är delvis inlärt och påverkar om vi tycker om eller ogillar en maträtt.

Det är stor skillnad på en klar soppa, som löksoppa, och en redd. Konsistensen kommer att påverka valet av öl till maten. En klar soppa reagerar direkt, utan förlåtelse, på upplevelsen av ölet och smaken kan förändras drastiskt.

Ofta är en maträtt uppbyggd av flera olika konsistenser, mjukt och hårt, krämigt och knaprigt. Det kan vara de hackade nötterna på en kycklingwok, den lena majonnäsen på ett hårdkokt ägg eller varför inte det knaperstekta baconet till blodpuddingen.

Mötet mellan konsistenserna kommer att bidra till matupplevelsen.

NÄSAN

Näsans doftsinne har förmågan att framkalla minnen. Om jag känner doften av nybakade bullar och blundar, så ser jag mitt föräldrahem och mamma som tar ut plåten ur ugnen.

Aromerna går in via munnen eller näsborrarna och fångas av receptorerna i näsan. Därifrån går signaler upp till minnesbanken och kopplar på vägen till de minnen som associerar till aromen. Om man tillsätter dillfrö i maten tycker de flesta att det doftar kräftor. På samma sätt är det med många dofter och kryddor som vi har i maten. Vissa råvaror gifter sig väl med varandra, som basilika och tomat, och kan med fördel användas för att ge gästerna goda måltidsupplevelser.

Vissa råvaror kan lukta illa men smaka underbart och sådana måste man lära sig äta för att kunna njuta av! Ostar som luktar fotsvett eller syrade och lagrade fiskar är några av dem. Först när man prövat några gånger och utökat sitt kunnande, kanske den stinkande osten får saliven att rinna till redan när man känner dess doft.

KULTUR

Vad vi uppskattar i matväg är en spegel av vårt ursprung och våra erfarenheter. Alla tycker inte lika och inget säger heller att man ska göra det! Vissa gillar söt mat och andra inte. Vissa älskar en syrlig dressing medan andra vill ha den chilihet.

Att äta kött från häst eller inte är ett personligt tyckande. Vissa har problem med inälvor eller kött som tunga och äter hellre andra styckningsdetaljer på djuret. Vissa preferenser är svåra att ändra på och andra lättare. Har man nyfikna gäster så ska man försöka bredda deras smak, medan man får vara försiktig med de mer fördomsfulla.

SÄSONG OCH SORT

Beroende på säsong och sort, kan samma råvara smaka olika och det är värt att tänka på när man läser recept! En vintermorot kan smaka som ett bordsben och en morot, nyss uppdragen från landet, kan ha en saftigt, söt smak, som får mungiporna att sträcka sig mot himlen. När man väljer tomater kommer det att göra stor skillnad för ätupplevelsen om de är mogna och av rätt sort. Detsamma gäller för citrusfrukter.

Gör dig besväret att leta i det skiftande utbudet och du kommer att belönas med en mängd råvaror, som ger nya smakupplevelser.

TILLAGNINGEN

Hur en maträtt är tillagad spelar stor roll för hur vi kommer att uppleva den. Mycket matlagning handlar om hur man behåller eller flyttar vatten mellan cellerna i råvaran eller hur man spräcker kolhydrater och får dem att kännas ätklara. Genom olika temperaturer och tillagningstider kan man öka sötman och det påverkar vilken dryck som passar bäst till rätten.

Ta moroten till exempel! Den råa moroten har en fast, krispig konsistens med liten sötma och markerad beska. Kokas den i saltat vatten, kommer aromerna att öka och den beska vi kände i den råa moroten försvinner. Upplevelsen av krispighet kommer att avta och konsistensen i munnen blir mjukare, beroende på hur mycket vi kokar den. Om man tillsätter lite smör i vattnet, kommer kokpunkten att öka och moroten blir sötare. Om moroten rostas i ugnen med lite olja så kommer sötman att öka och nya aromer möter oss. Dessutom blir konsistensen annorlunda.

Maillardreaktionen är en effekt som kan göra god mat godare. Det handlar om den smakförhöjande effekt, som bland annat stekytan på kött ger. En stekt köttbit jämfört med en kokt har mycket mer smak. Den rostade tonen på stekytan, är en strålande brygga till många öl. Man kan få fram effekten av panering på kött och fisk eller att marinera det som ska grillas i något sött. Man kan steka i smör och låta mjölksockret hjälpa till eller helt enkelt bara stoppa brödet i brödrosten.

GLÖM INTE SOCKER I MATLAGNINGEN!

Idag, när många är rädda för socker, missas en viktig förmåga hos sockret, och det är att sötma kan förstärka aromer. Kokar man en vaniljstång i enbart mjölk så kommer det att smaka kokt mjölk. Om man dessutom tillsätter socker, så kommer aromen att öka och vaniljsmaken framträder. På samma sätt är det med svarta vinbär, kokade i saftmaja. Saften är sur och lågaromatisk innan man tillsatt socker, som ökar aromen och ger underbart smakrik saft eller gelé. Lyssna på de äldre spisstjärnorna, som gärna tillsätter lite socker, bland annat när de steker lök för att få en läckrare smak.

LURAD AV ÖGAT

Vissa hävdar att man äter och dricker med ögonen. Det är helt fel! Ögonen lurar den lata hjärnan så att den inte använder sina övriga sinnen. Visst är en Guinness en mörk öl med kraftigt skum. Ofta får man höra att det är både bröd och dryck på en gång. Men här har ögat lurat visheten. Guinness är faktiskt ett läskande, friskt öl, som är påtagligt lätt!

Att äta med ögat är som att bedöma om en människa är trevlig, har humor och är god genom att titta på personen. En risotto, en tallrik pölsa eller kålsoppan i sin skål är inte vackra, men är ändå strålande goda att äta. Visst kan en rätt nå högre höjder om den är vacker, men en vacker uppläggning gör inte en medioker rätt godare.

SMAKERNAS SYMFONI

Vad smakar då mat? Det är som att sätta ihop en orkester. Den härliga blandningen av grundsmakerna ger oss en stor upplevelse i munnen. För det lilla extra tillsätter vi lite hetta, som retas med smärtcellerna. Om vi har olika temperaturer på tallriken så kommer upplevelsen att öka ännu mer. För att stimulera hela munhålan och nå de högsta höjderna, måste vi ha olika konsistenser så att tänderna får sitt. För att verkligen komma till den högsta toppen, måste vi använda aromer som leker med näsan och gör det hela fullkomligt.

Vet vi vad gästerna tycker om och hela smakorkestern spelar upp en symfoni med harmoni mellan solon och ackompanjemang – då kommer gästerna runt bordet att utbrista ”Åh, vad gott!”.

Estrella
Damm
BARCELONA

smakkartan

Det här är en nyckel till hjälp för att beskriva vad en maträtt smakar. På höjdaxeln är det mängden smak som beskrivs och på längdaxeln är det hetta. I varje fält finns det förstås åtskilliga rätter som i smak närmar sig något av de andra fälten.

En viltgryta och en het chiligryta smakar båda mycket och ändå är det en stor skillnad; det vill vi åskådliggöra med denna smakkarta.

MILD *Nedre vänstra fältet*

Nere i det vänstra hörnet finns lätta och strama rätter, som ofta bygger på råvarans egen smak, med lätta, aromatiska kryddor och kombinerad med milda tillbehör. Många fiskrätter med lätta smaker, men även fläsk- och kycklingrätter med milda såser, hör hit.

Till dessa rätter passar öl som antingen är lätta i smaken eller som med sin egen smak tillför något.

De öl som passar bäst, finns i ölkartans vänstra nedre hörn bland ”Ljusa och friska” eller i mitten bland ”Lätt rostade och balanserade”. Vissa rätter fungerar med de lätt rostade tonerna och fruktigheten från öl i det nedre högra hörnet, bland ”Mörka och friska”. Kombinationen ostron till Guinness är ett exempel.

HET *Nedre högra fältet*

I det här fältet finns rätter, som är ganska lätta i smaken, men som får styrka av heta kryddor eller smakrika tillbehör, som pepparrot eller stark senap. Här finns många asiatiska rätter, men även sådana som dillkött med mycket pepparrot.

Öl som passar att dricka till är ofta från det nedre vänstra hörnet bland ”Ljusa och friska”.

Hettan kommer att öka smakerna i ölen, därför passar det bra med lätt smakande öl, med ganska låg alkoholhalt. Veteöl brukar ge bra kombinationer till mat med hetta. Om styrkan kommer från pepparrot eller senap kan man söka sig mot mitten eller upp till vänster i ölkartan.

BALANSERAD *Mitten*

I mitten finner vi rätter med smakrika ingredienser som förstärkts med kryddor. Rätterna har ofta fått lite extra smak av vällagrade ostar eller en kraftig fond. Rätterna kan ha en ton av svartpeppar eller chili, men den dominerar inte.

Öl som passar rätterna finns ofta i det övre vänstra hörnet bland ”Ljusa och smakrika” eller i mitten bland ”Lätt rostade och balanserade”. Även öl från övre högra fältet, ”Mörka och smakrika”, kan fungera, men då gäller det att man smakar av kombinationen så att inte ölet tar över.

Många öl passar till de här rätterna och få riskerar att bli riktigt dåliga. Här kan man verkligen leka med ölens aromer och få dem att bli pricken över i.

SMAKRIK *Övre vänstra fältet*

Här har smakerna ofta förstärkts med stekyta eller mer smakrika ingredienser, som vin eller tomatsås. Rätterna är ofta gjorda på ljust kött, fågel, fisk eller skaldjur. Ofta är råvarans egen karaktär smakrik, men har förstärkts med rökning eller rimning. Bland dem finns många klassiska rätter från Frankrike, men även sådant som ärtsoppa med fläsk och svensk senap.

Öl som passar återfinns ofta i det övre vänstra hörnet bland ”Ljusa och smakrika” eller i mitten bland ”Lätt rostade och balanserade”. För den som vågar kan några av ölen från det högra övre hörnet, ”Mörka och smakrika”, passa till den här typen av rätter, men pröva dig fram så att inte ölen tar över.

KRYDDIG OCH SMAKRIK
Övre högra fältet

Här finns rätter som har allt av det goda. De är ofta gjorda på smakrika köttslag, som förstärkts med kraftiga fonder och med såser, som både breddats med smakrika kryddor och hettats upp med starka kryddor. Många indiska och nordafrikanska rätter finns i den här rutan, men även rätter som chili con carne och i vissa fall tacos.

De öl som passar bäst hittar man ofta i mitten bland de ”Lätt rostade och balanserade” eller i det vänstra nedre hörnet bland ”Ljusa och friska”. Ofta är det rättens hetta som avgör om man hamnar i mitten eller bland ölens lättviktare. Det är ofta bra om ölen har en ganska låg alkohol mot de här rätterna, så att smakerna inte förvrängs.

MILDA RÄTTER:

I den här kategorin återfinns flera finstämda rätter med lätta och strama smaker och aromer. Många i den här smakrutan domineras av råvarans egen smak och ackompanjeras av lätta, aromatiska kryddor och konsistenser.

mild

12 st *RECEPT*

SMAKER MED LÄTTA OCH STRAMA AROMER

GÖDKALV TARTAR

4 PERSONER

400 g gödkalv av bra kvalitet, t ex ytterfilé eller innanlår
3 msk olivolja
salt och svartpeppar
200 g mâchesallad
olivolja
vinäger
flingsalt och peppar
50 g hasselnötter, rostade, skalade och grovt hackade

Hacka kalvköttet fint med kniv. Lägg det i en bunke och blanda med olivoljan. Smaka upp med salt och svartpeppar.

Smaksätt salladen med olivolja, vinäger, lite flingsalt och peppar. Strö över nötterna och servera.

Bästa vännen:	2	Ljus och smakrik (*Smakrik ljus ale*)
Annan rolig vän:	1	Ljus och frisk (*Ljust veteöl*)

KOKT TORSK MED ÄGGSÅS

4 PERSONER

700 g torskfilé, delad i 4 lika stora bitar
6 ägg
5 dl mjölk
2 msk Maizena majsstärkelse + 1 dl vatten
salt och peppar
20 g persilja, hackad
1 dl vitt vin
1 schalottenlök, skuren i bitar
1 timjankvist

Koka upp vatten i en kastrull och lägg i äggen när det kokar. Koka i 9 minuter och spola sedan äggen kalla. Skala och hacka äggen.

Koka upp mjölken och red av med maizenan, utrörd i vattnet. Smaka upp med salt och peppar. Vänd ner ägg och persilja.

Krydda fisken med salt och vitpeppar. Lägg bitarna i en vid kastrull och tillsätt vin, lök och timjan. Fyll på med vatten så det täcker fisken och låt sedan sjuda försiktigt tills fisken är kokt.

Lyft upp fisken på tallrik och slå såsen över. Servera med kokt potatis.

Bästa vännen:	2	Ljus och smakrik (*Smakrik ljus ale*)
Annan rolig vän:	3	Balanserad (*Mörk lager*)

MOULES FRITES

4 PERSONER

2 kg blåmusslor, skrapade och avspolade, sortera bort trasiga och öppna
1 bananschalottenlök, finhackad
1 stor vitlöksklyfta, finhackad
2 dl vitt vin
2 dl grädde
2 msk smör
salt och vitpeppar
½ dl hackad persilja

Fräs upp löken och vitlöken i en djup och vid kastrull utan att det får färg.

Lägg i musslorna. Tillsätt vin, grädde, smör och smaka av med salt och lite vitpeppar. När musslorna öppnat sig är de klara.

Strö över persilja och servera med pommes frites eller vitt bröd.

Bästa vännen:	2	Ljus och smakrik (*Smakrik ljus ale*)
Annan rolig vän:	3	Balanserad (*Smakrik halvmörk ale*)

OSTRON MED TRE DRESSINGAR

4 PERSONER

24 ostron
1 citron, skuren i klyftor

SCHALOTTENLÖKSVINÄGRETT:
1 dl rödvinsvinäger
1 bananschalottenlök, finhackad

SHISUVINÄGRETT:
4 msk shisuvinägrett (*finns i japanska mataffärer*)
2 msk risvinäger
2 msk soja
3 msk rödlök, finhackad

HET TOMATSALSA:
2 tomater, skållade och tärnade i ½ cm- stora tärningar
2 msk rödlök, finhackad
1 msk koriander, finhackad
1 msk pressad lime
1 tsk sriracha chilisås eller tabasco
salt och svartpeppar

Blanda ingredienserna till de två vinägretterna i var sin bunke.

Blanda allt till tomatsalsan i en bunke och smaka av med salt och svartpeppar.

Öppna ostronen och lägg på ett uppläggningstat. Servera med citronklyftor och de tre dressingarna.

Bästa vännen:	4	Mörk och frisk (*Irländsk stout*)
Annan rolig vän:	1	Ljus och frisk (*Mörkt veteöl*)

RÅRAKA MED LÖJROM

4 PERSONER

6 stora, fasta potatisar
1 rödlök, finhackad
1 kruka gräslök, hackad
120 g avrunnen löjrom, sikrom är ett alternativ
4 msk crème fraiche
1 citron, skuren i klyftor

Skala och riv potatisen på rivjärnets grova sida. Pressa vätskan ur den rivna potatisen och salta och peppra en aning.

Värm stekpannan och lägg sedan ut ett tunt lager potatis i botten och stek på båda sidor tills rårakan är gyllenbrun och krispig.

Placera löken, löjromen och crème fraichen ovanpå och vrid några drag med svartpepparkvarnen över. Servera med citronklyftor.

Bästa vännen:	2	Ljus och smakrik (*Ljus lager*)
Annan rolig vän:	3	Balanserad (*Mörk lager*)

TEMPURA "FISH AND CHIPS"

4 PERSONER

800 g vit fiskfilé, t ex torsk eller kolja
2 dl vatten
4 isbitar, krossade
1 äggula
2 dl tempuramjöl (*finns i asiatiska och i välsorterade matbutiker*)
2 dl vetemjöl till panering
salt
matolja till fritering
citronklyftor till servering
pommes frites

CHILI- OCH VITLÖKSAIOLI
2 dl majonnäs (*se recept sid 103*)
2 msk Lee kum kee chili garlic paste (*finns i asiatiska livsmedelsbutiker*)
salt och peppar

PONZU:
1 dl risvinäger
½ dl soja
1 msk pressad citron

Tempurasmet: Blanda vattnet, den krossade isen och äggulan i en djup bunke. Tillsätt tempuramjölet lite i taget och rör försiktigt med en visp. Det är bara bra om det finns lite mjölklumpar kvar i smeten. Det ger bättre luftighet i tempuran.

Skär fisken i bitar om 50 g och krydda med lite salt. Vänd runt dem i mjölet och skaka av bitarna ordentligt innan fisken placeras i tempurasmeten.

Värm oljan till 180 grader och lägg i fisken försiktigt så inte oljan stänker upp. Vänd runt fiskbitarna så de får en jämn gyllenbrun färg.

Lyft upp den friterade fisken med en hålslev och låt rinna av på en bit papper. Salta och servera med en citronklyfta och såserna nedan samt pommes frites.

Chili- och vitlöksaioli: Smaka upp majonnäsen med vitlöks- och chilipastan, lite salt och peppar.

Ponzu: Blanda alla ingredienserna till såsen och servera.

Bästa vännen:	3	Balanserad (*Smakrik halvmörk ale*)
Annan rolig vän:	2	Ljus och smakrik (*Mörk lager*)

KOKT KALV I DILLSÅS

4 PERSONER

800 g grytbitar av gödkalv, skurna i tärningar 3 x 3 cm
1 gul lök, skuren i fyra klyftor
1 morot, grovt skuren
2 timjankvistar
4 vitlöksklyftor
1 lagerblad
2 ½ dl mjölk
2 ½ dl grädde
1 msk Maizena majsstärkelse + ½ dl vatten
ättika
socker
salt och peppar
1 morot, skuren i slantar
50 g dill, hackad

Koka upp vatten i en stor kastrull och lägg ner köttet. Låt det ligga i vattnet i cirka 5 minuter. Häll sedan av vätskan i ett durkslag och spola köttet med kallt vatten.

Gör ren kastrullen och lägg tillbaka köttet. Fyll på med vatten så det täcker och lägg i löken, moroten, timjankvistarna, vitlöken och lagerbladet. Låt sjuda tills köttet är mjukt.

Lyft upp köttet och koka ihop buljongen tills den smakar kraftigt. Sila den genom en finmaskig sil. Tillsätt mjölk och grädde. Koka upp, red av med maizenan, utrörd med vattnet, smaka av med ättika, socker, salt och peppar. Såsen ska ha en sötsyrlig karaktär. Lägg tillbaka köttet i såsen.

Koka morotsslantarna och lägg dem i grytan, avsluta med dillen. Servera kalvkött och sås med kokt potatis.

Bästa vännen:	2	Ljus och smakrik (*Smakrik ljus lager*)
Annan rolig vän:	3	Balanserad (*Mild halvmörk ale*)

TOAST PELLE JANZON

4 PERSONER

400 g oxfilé, skivad så tunt som möjligt
4 skivor formbröd
120 g löjrom, avrunnen
120 g crème fraiche
½ rödlök, finhackad
1 kruka gräslök, finhackad
4 citronklyftor

Rosta och kantskär brödet. Placera brödet mitt på tallriken och täck det med tunt skuren, rå oxfilé.

Toppa varje toast med löjrom och crème fraiche och sedan den hackade rödlöken och gräslöken. Vrid några drag svartpeppar över och servera med en citronklyfta.

Bästa vännen:	2	Ljus och smakrik (*Smakrik ljus ale*)
Annan rolig vän:	3	Balanserad (*Mild halvmörk ale*)

CHÈVRE CHAUD

4 PERSONER

4 skivor chèvre (*getost*), ½ cm tjocka
4 skivor formbröd
8 rödbetor, kokta och delade i grova bitar
100 g rucolasallad
flingsalt och svartpeppar
½ dl rostade pinjenötter

DRESSING:
2 msk flytande honung
½ dl olivolja
2 msk balsamvinäger
1 msk rosmarin, finhackad
salt och svartpeppar

Blanda alla ingredienser till dressingen i en skål och smaka av med salt och svartpeppar.

Sätt ugnen på grill. Rosta brödet och lägg en skiva chèvre på varje. Gratinera under grillen tills osten fått en gyllenbrun färg.

Salta och peppra betorna med flingsalt och svartpeppar. Fördela rödbetor och rucola på tallrikar och placera chèvretoasten ovanpå.

Rippla dressingen över och toppa med lite pinjenötter. Servera.

Bästa vännen:	1	Ljus och frisk (*Ljust veteöl*)
Annan rolig vän:	2	Ljus och smakrik (*Smakrik ljus ale*)

GRILLAD GRÖN SPARRIS MED PARMESAN OCH CITRONETTE

4 PERSONER

20 gröna sparrisar, skalade
20 flagor hyvlad parmesan

CITRONETTE:
1 dl olivolja
2 msk pressad citron
salt och svartpeppar

Blanda olivolja och citron till dressingen i en bunke och smaka av med salt och svartpeppar.

Grilla sparrisen tills den är mjuk men ändå har lite spänst kvar.

Lägg dem på ett fat och rippla citronetten över. Strö sedan parmesan över och dra ett par drag med pepparkvarnen över.

Bästa vännen:	3	Balanserad (*Mild halvmörk ale*)
Annan rolig vän:	2	Ljus och smakrik (*Smakrik ljus ale*)

POT AU FEU

4 PERSONER

2 hela kycklingar
1 gul lök, grovt skuren
1 morot, grovt skuren
4 vitlöksklyftor
2 timjankvistar
1 lagerblad

4 knippmorötter
100 g steklök
12 färskpotatisar
4 majrovor
½ dl bladpersilja, strimlad

Skär ut brösten på kycklingarna och dela kycklinglåren i lår och klubba.

Rosta skrovet och vingarna i 225 grader varm ugn i cirka 30 minuter. Koka en kycklingfond av dessa tillsammans med den gula löken, moroten, vitlöken, timjankvistarna och lagerbladet. Sjud fonden på låg värme i cirka 4 timmar och skumma bort fett och grums då och då.

Sila av fonden och koka ihop den, låt kycklinglåren och klubborna koka med. När låren är genomkokta, lyft upp dem och reducera eventuellt fonden ytterligare. Smaka av med salt och lite vitpeppar.

Skala grönsakerna och koka dem i saltat vatten.

Bryn kycklingbrösten gyllenbruna i en panna och stek dem sedan klart i ugnen på låg temperatur, 140 grader, till 68 graders kärntemperatur.

Vid servering: Värm låren och grönsakerna i buljongen, lägg upp på tallrikar, placera kycklingbrösten ovanpå och strö den strimlade persiljan över.

Bästa vännen:	3	Balanserad (*Mild halvmörk ale*)
Annan rolig vän:	2	Ljus och smakrik (*Ljus ale*)

SALLAD NIÇOISE

4 PERSONER

600 g färsk tonfisk
salt och peppar
12 delikatesspotatisar, kokta och halverade
2 tomater, skurna i grova bitar
1 dl kaprisbär
1 dl svarta oliver
½ dl soltorkade tomater, delade på hälften
8 små, marinerade kronärtskockor, halverade
8 gröna sparrisar, kokta och halverade
12 vaxbönor, kokta
12 haricots verts, kokta
100 g rucola
1 dl olivolja
2 msk sherryvinäger
flingsalt och svartpeppar
4 ägg, kokta i 8 min och halverade
2 rädisor, tunt hyvlade

Salta och peppra tonfisken och stek den hastigt runtom i en riktigt het panna. Skiva sedan tonfisken i tunna skivor.

Lägg alla ingredienserna förutom tonfisk, ägg och rädisor i en stor bunke. Häll över olivolja och vinäger, krydda med flingsalt och svartpeppar. Blanda allt väl.

Lägg upp grönsakerna på tallrikar. Fördela tonfisken och ägghalvorna och toppa med de hyvlade rädisorna.

Bästa vännen:	2	Ljus och smakrik (*Ljus ale*)
Annan rolig vän:	1	Ljus och frisk (*Ljust veteöl*)

HETA RÄTTER:

I den här kategorin hamnar rätter som har hög hetta men mindre smakbredd. Rätterna kan vara råvaru-inspirerade, men spetsade med chili eller senap. Många grönsaks- och rotsaksbaserade asiatiska rätter, med hög hetta och balanserade med någon friskhet, finns här.

Het

9 st *RECEPT*

HETA RÄTTER SPETSADE MED CHILI ELLER SENAP

ÅNGADE KNIVMUSSLOR MED SPICY LEMON DRESSING

4 PERSONER

1 kg knivmusslor eller blåmusslor
½ röd chili
2 vitlöksklyftor
1 bananschalottenlök
2 dl vitt vin
½ kruka hackad koriander

DRESSING:
½ vitlök, finhackad
2 dl matolja
1 ½ dl pressad citron
6 msk soja
1 krm salt
2 krm nymald svartpeppar
1 tsk cayennepeppar

Börja med dressingen: Hacka vitlöken fint och lägg den i en skål. Tillsätt resten av ingredienserna och vispa väl.

Spola och skrapa musslorna ordentligt. Se till att alla lever, de ska stänga sig när man knackar dem mot diskbänken.

Finhacka chilin, löken och vitlöken. Fräs upp hacket i en djup kastrull utan att det får färg. Höj värmen till max och lägg i musslorna. Låt fräsa en liten stund och tillsätt sedan vinet.

Koka under lock 3–4 minuter tills musslorna öppnat sig. Häll av musslorna i ett durkslag. Spara buljongen till en fisksoppa eller liknande.

Lägg upp musslorna i djupa tallrikar. Häll över dressingen och strö över hackad koriander.

Bästa vännen:	1	Ljus och frisk (*Ljust veteöl*)
Annan rolig vän:	1	Ljus och frisk (*Lätt internationell lager*)

THAISALLAD MED BIFF

4 PERSONER

500 g biff
salt och peppar
10 cm rättika, fint strimlad
1 morot, fint strimlad
½ grön papaya, fint strimlad
2 dl mungbönor
2 pak choy (*ett slags kål*), fint strimlad
4 rädisor, tunt skivade
2 salladslökar, tunt skurna på snedden
20 myntablad
3 msk koriander, grovt skuren
½ mango, fint strimlad
½ röd chili skuren i tunna ringar
2 msk vita och svarta sesamfrön

THAIDRESSING:
½ dl socker
2 msk riven ingefära
1 dl pressad lime
1 dl fisksås (*nam pla*)
1 thaichili

Salta och peppra biffen noggrant. Bryn den runt om och stek sedan färdigt i ugn på 120 grader till kärntemperatur på 50 grader. Låt köttet vila i 10–15 minuter. Skiva sedan upp köttet så tunt som möjligt.

Kör alla ingredienser till dressingen i en kannmixer, så den blir nästan helt slät.

Blanda alla grönsakerna i en stor bunke med en deciliter av dressingen.

Fördela på tallrikar, toppa med det skivade köttet, mynta, koriander, mango, chili och sesamfrön. Ringla ytterligare ett par matskedar dressing över varje portion och servera.

Bästa vännen:	1	Ljus och frisk (*Ljust veteöl*)
Annan rolig vän:	4	Mörk och frisk (*Mörkt veteöl*)

BEER/BIERE
BROOKLYN

KRYDDIGA MANDLAR

4 PERSONER

500 g oskalade mandlar
1 dl socker
1 msk vatten
1 dl matolja till stekning/fritering
1 tsk cayennepeppar
1 tsk kinesisk Five spice (*kryddblandning, finns i asiatiska matvarubutiker*)
1 tsk salt

Smält sockret tillsammans med vattnet i en vid kastrull.

Lägg i mandlarna och rör om ordentligt så att de blir täckta av sockret runt om.

Häll upp mandlarna på en plåt och sprid ut dem så att de inte klibbar ihop. Låt svalna.

Värm oljan i en stekpanna och lägg i mandlarna. Stek mandlarna tills sockret börjar karamellisera sig. Häll mandlarna i ett durkslag och låt oljan rinna av. Lägg dem i en bunke, tillsätt kryddor och salt och blanda väl.

Servera de kryddiga mandlarna som snacks.

Bästa vännen:	3	Balanserad (*Mild halvmörk ale*)
Annan rolig vän:	4	Mörk och frisk (*Mörkt veteöl*)

SPICY SQUID NOODLE SALAD

(*Het bläckfisk- och nudelsallad*)

4 PERSONER

500 g stora bläckfisktuber (*kropparna*)
½ paket glasnudlar
1 pak choy (*ett slags kål*) strimlad
½ röd chili, skuren i ringar
4 rädisor, tunt hyvlade
1 morot, tunt hyvlad på längden
½ grön papaya, strimlad
½ mango, strimlad
½ dl koriander, grovt skuren
10 kvistar mynta, plockad
2 msk okokt jasminris, rostat
1 msk sesamfrön, rostade
½ dl cashewnötter, rostade och grovt hackade
2 lime, delade på hälften (*för garnering*)

DRESSING:

½ dl pressad citron
½ dl socker
½ dl fisksås
1 vitlöksklyfta, finhackad
1 msk riven ingefära
½ röd chili, finhackad

Öppna och fläk ut bläckfisktuberna. Snitta dem, utan att skära helt igenom, korsvis på utsidan, med cirka 2 mm mellanrum.

Stek eller grilla bläckfisken, låt svalna något och skär den sedan i ½ cm breda remsor.

Koka upp vatten och häll över nudlarna. När de är al dente, häll av vattnet och spola under kallt vatten. Tillsätt lite olja så de inte klibbar ihop.

Blanda alla ingredienser till dressingen i en skål.

Vänd ner grönsaker och mango med nudlarna. Häll på dressingen och strö bläckfisken, koriandern, myntan, sesamfröna, cashewnötterna samt riset över. Garnera med lime och servera.

Bästa vännen:	1	Ljus och frisk (*Ljust veteöl*)
Annan rolig vän:	1	Ljus och frisk (*Lätt internationell lager*)

KOKT TORSK MED ÄGG, RÄKOR OCH PEPPARROT

4 PERSONER

800 g torskrygg
4 ägg
200 g osaltat smör
1 bananschalottenlök, skuren i bitar
1 dl vitt vin
1 timjankvist
salt
200 g räkor skalade
pepparrot, riven
1 citron
dill, plockad

Stycka torsken i fyra lika stora bitar.

Koka äggen i 8 minuter; kyl, skala och hacka dem.

Bryn smöret i en kastrull tills det är gyllenbrunt och det har en nötig doft. Sila bort fällningen genom en finmaskig sil.

Lägg schalottenlöken i en vid kastrull tillsammans med vinet och timjankvisten. Salta torsken och lägg ner den i kastrullen. Fyll på med vatten så det täcker. Sjud torsken sakta på svag värme tills den har en kärntemperatur på 45–50 grader. Lyft upp fiskbitarna ur vätskan och låt dem rinna av på en handduk innan servering.

Lägg upp torsken, ägghacket, räkorna och den rivna pepparroten på tallrikar. Slå över det brynta smöret, garnera med en citronklyfta och dill. Servera gärna med nykokt färskpotatis.

Bästa vännen:	2	Ljus och smakrik (*Ljus ale*)
Annan rolig vän:	3	Balanserad (*Mörk lager*)

PASTA MED VONGOLE

4 PERSONER

500 g linguini eller bavette
1 kg vongole, spolade under rinnande vatten, kasta de som inte stänger sig
1 schalottenlök, finhackad
1 vitlöksklyfta, tunt skivad
½ röd chili, i tunna ringar
2 dl vitt vin
4 msk smör
½ dl bladpersilja, hackad
salt

Sätt på ett pastavatten och salta ordentligt. Koka pastan al dente.

Stek i en vid kastrull lök, vitlök och chili utan att det får färg.

Tillsätt vongole och låt dem fräsa någon minut. Häll på vinet och sätt på ett lock. När snäckorna öppnat sig är de klara.

Ta kastrullen från värmen och tillsätt smöret lite i taget under omrörning så att det binder vätskan en aning.

Tillsätt pastan och persiljan, rör runt och servera.

Bästa vännen:	2	Ljus och smakrik (*Smakrik lager*)
Annan rolig vän:	3	Balanserad (*Mild halvmörk ale*)

BOOKMAKER TOAST

4 PERSONER

4 bitar ryggbiff, ca 200 g styck
salt och peppar
4 skivor ljust surdegsbröd eller lantbröd
4 msk dijonsenap
8 blad romansallad
2 tomater, skivade
½ rödlök, tunt skivad
1 dl riven färsk pepparrot
4 äggulor
ev pommes frites till servering

Salta och peppra biffarna på båda sidorna och stek dem hårt i en stekpanna till medium rare, 48 graders kärntemperatur. Låt köttet vila i 6–7 minuter innan det skivas.

Rosta eller grilla brödet och bred sedan på en matsked dijonsenap på varje skiva. Lägg därefter på två salladsblad, några skivor tomat och lite rödlök. Placera den skivade biffen ovanpå och toppa med den rivna pepparroten och äggulan. Servera gärna med pommes frites.

Bästa vännen:	2	Ljus och smakrik (*Smakrik lager*)
Annan rolig vän:	3	Balanserad (*Smakrik halvmörk till mörk ale*)

GRILLADE TIGERRÄKOR MED SALSA FRESCA OCH ÖRTAIOLI

4 PERSONER

1 kg råa tigerräkor med skal (*ju större, desto bättre*)
1 vitlöksklyfta, hackad
½ röd chili, hackad
½ citron, det rivna skalet
1 dl olivolja
salt och peppar

SALSA FRESCA:
4 mogna tomater, skurna i centimeter-stora tärningar
2 msk koriander, hackad
1 lime, juicen
4–6 droppar tabasco
2 msk olivolja
salt och peppar

ÖRTAIOLI:
2 dl majonnäs (*se recept sid 103*)
½ vitlöksklyfta, finhackad
1 msk persilja, finhackad
1 msk basilika, finhackad
1 msk dragon, finhackad
1 msk pressad citron
salt och peppar

Skala räkorna men lämna stjärtfenan kvar.

Blanda resten av ingredienserna med räkorna och låt marinera ett par timmar.

Ta upp räkorna ur marinaden, salta, peppra och grilla dem.

Såserna: Blanda ingredienserna i en skål och smaka av med salt och peppar.

Bästa vännen:	4	Mörk och frisk (*Mörkt veteöl*)
Annan rolig vän:	1	Ljus och frisk (*Internationell lager*)

FROM SPAIN
CERVEZA
BEER
BIÈRE
standard drinks

TOM KA GAI

(Thailändsk kycklingsoppa med kokosmjölk)

4 PERSONER

500 g kycklingbröst utan skinn, tärnade
½ gul lök, strimlad
2 vitlöksklyftor, grovt hackade
2 thaichili, delade på längden
30 g ingefära, grovt skuren
2 små burkar kokosmjölk à 165 ml
1 citrongräs, lätt krossat
3 färska limeblad
1–2 msk thailändsk fisksås
10 kvistar koriander, grovhackad

Fräs löken försiktigt utan att den får färg. Tillsätt vitlök, chili, ingefära och låt svetta ett par minuter till.

Häll i kokosmjölken, citrongräset och limebladen. Koka upp och smaka av med fisksås.

Lägg ner den tärnade kycklingen och låt allt sjuda tills kycklingen är tillagad. Lyft ur citrongräset och garnera med koriandern.

Servera soppan med kokt jasminris.

Bästa vännen:	1	Ljus och frisk (*Ljust veteöl*)
Annan rolig vän:	1	Ljus och frisk (*Ljus internationell lager*)

BALANSERADE RÄTTER:

Många vanliga rätter finns i denna kategori. De har en balans mellan hetta och kryddighet. De är smakrika, men ingen smak tar överhand. Många har välbalanserade smaker och konsistenser som passar de flesta.

Balanserad

13 st *RECEPT*

VÄLBALANSERADE SMAKER SOM PASSAR DE FLESTA

FRANSK LÖKSOPPA

4 PERSONER

6 gula lökar, skivade
50 g svål av rökt fläsk
1 lagerblad
3 timjankvistar, plockade
2 dl vitt vin
2 dl ljust öl
2 dl torr fransk äppelcider
6 dl kycklingbuljong
salt och peppar
4 skivor ljust bröd
100 g gruyèreost

Skala och skiva lökarna. Stek löken i en kastrull tills den är gyllenbrun och karamelliserad.

Tillsätt svål, lagerblad och timjan.

Häll på vin, öl och cider. Koka ihop vätskan till hälften och tillsätt sedan kycklingbuljongen. Koka ihop lite till, ta bort fläsksvålen och smaka av med salt och peppar.

Rosta brödskivorna. Riv osten.

Fördela soppa i skålar, lägg på brödskivan och sedan osten och gratinera under grillelementet tills osten är smält och börjar få färg.

Bästa vännen:	2	Ljus och smakrik (*Ljus ale*)
Annan rolig vän:	3	Balanserad (*Mild halvmörk ale*)

STAUB

BOUILLABAISSE

4 PERSONER

1 hummer, kokt
400 g vit fiskfilé, t ex uer, skuren i 8 bitar
400 g lax, skuren i 8 bitar
½ kg blåmusslor eller andra snäckor, kokta
200 g skrov av vit fisk
1 gul lök, hackad
1 fänkål, strimlad på längden, spara stjälkarna till fonden
2 vitlöksklyftor, hackade
½ röd chili, hackad
2 msk tomatpuré
1 paket saffran, 0,5 g
3 dl vitt vin
1 lagerblad
1 kvist timjan
salt och peppar
champagnevinäger
8 små potatisar, kokta
brödkrutonger
10 kvistar körvel, bladen
4 kvistar dragon, bladen

ROUILLE:
2 dl majonnäs (*se recept sid 103*)
½ vitlöksklyfta, riven
1 msk Heinz chilisås
1 nypa saffran
salt och peppar

Skala hummern och plocka ur köttet. Spara skalen och rosta dem lätt i ugnen på 200 grader i 15 minuter.

Stek lök, fänkålsstjälkar, vitlök och chili i en djup kastrull utan att det får färg. Tillsätt hummerskal, fiskskrov, tomatpuré och saffran och stek ytterligare ett par minuter. Häll på vinet och låt det koka in till hälften. Fyll på med vatten så att det täcker och lägg i lagerblad och timjan. Låt allt få ett uppkok och lyft sedan kastrullen från värmen. Låt stå och dra i cirka 30 minuter.

Sila ner vätskan i en kastrull genom en grovmaskig sil och koka ihop tills buljongen är aningen simmig. Smaka av med salt och peppar och lite vinäger.

Stek den strimlade fänkålen utan att den får färg och lägg ner den i buljongen. Salta och peppra fisken och stek den gyllenbrun.

Värm försiktigt på musslorna, hummern och fänkålen i buljongen.

Lägg ett par kokta små potatisar i botten av en djup tallrik. Fördela sås, hummer och musslor på tallrikarna, lägg på fisken och toppa med rouille, krutonger samt körvel- och dragonblad.

Rouille: Blanda alla ingredienser i en skål och smaka av med salt och peppar.

Bästa vännen:	2	Ljus och smakrik (*Smakrik lager*)
Annan rolig vän:	3	Balanserad (*Smakrik halvmörk ale*)

STAUB
PRAGUE
STAUB

CHOUCROUTE GARNI

4 PERSONER

800 g olika sorters fläskkorvar av bra kvalitet
200 g rökt fläsk i bit, skuren i tjockare skivor
1 gul lök, skivad
1 burk surkål, ca 800 g
1 dl vitt vin
1 tsk kumminfrön, rostade
salt
champagnevinäger
½ dl persilja, hackad

Fräs den skivade löken i en vid kastrull utan att den får färg.

Tillsätt surkålen och vitvinet och låt det koka in. Tillsätt kumminfröna och smaka av med salt och vinäger.

Stek korvarna och det rökta fläsket.

Servera på ett fat med surkålen och kokt potatis. Strö persiljan över.

Bästa vännen:	2	Ljus och smakrik (*Smakrik lager*)
Annan rolig vän:	3	Balanserad (*Mörkt veteöl*)

KANTARELLSOPPA

4 PERSONER

1 bananschalottenlök
1 vitlöksklyfta
250 g champinjoner
250 g kantareller
4 cl portvin
1 timjankvist
3 dl kycklingbuljong
3 dl vispgrädde
salt och peppar

Skala och grovhacka schalottenlöken, vitlöken och svampen, men spara några kantareller som garnityr.

Fräs lök och vitlök i en djup kastrull utan att de får färg.

Tillsätt svampen när löken är mjuk och höj temperaturen en aning. Svampen kommer att släppa massor med vätska. Låt den koka bort, tillsätt sedan portvin och timjan. Låt portvinet koka in nästan helt och tillsätt sedan kycklingbuljongen. Koka ner med en tredjedel och häll i grädden. Låt koka ihop en aning.

Finfördela soppan i mixer och sila den. Smaka av med salt och peppar.

Servera med lite nystekta kantareller i varje tallrik.

Bästa vännen:	2	Ljus och smakrik (*Smakrik lager*)
Annan rolig vän:	3	Balanserad (*Mörk lager*)

STAUB

KYCKLINGVELOUTÉ

4 PERSONER

2 hela kycklingar
1 gul lök, grovt skuren
2 vitlöksklyftor
1 morot, grovt skuren
2 timjankvistar
3 dl vispgrädde
50 g färsk dragon, hacka bladen, spara stjälkarna till såsen
100 g champinjoner, halverade
100 g steklökar
dragonvinäger

Skär ut brösten på kycklingarna och dela kycklinglåren i lår och klubba.

Rosta kycklingskroven hårt i ugnen, 225 grader i cirka 30 minuter. Lägg dem i en djup kastrull tillsammans med löken, vitlöken, moroten och timjankvistarna. Koka upp och skumma ordentligt, sänk sedan värmen och låt sjuda sakta i 4 timmar. Sila fonden och koka ihop den.

Bryn låren och klubborna i en stekpanna. Lägg dem i fonden, som håller på att reducera, och låt dem bli genomkokta. Lyft upp dem ur kastrullen. Låt fonden koka ihop till dess att det bara återstår en tredjedel. Tillsätt grädden och låt reducera ytterligare. Lägg dragonstjälkarna i såsen.

Salta och peppra kycklingbrösten och bryn dem i en stekpanna. Låt dem steka klart i ugnen på 140 grader till en kärntemperatur på 68 grader.

Smörstek champinjoner och steklök.

När såsen kokat ihop till lagom simmig konsistens, lyft bort dragonstjälkarna. Smaka av med salt, peppar och lite dragonvinäger.

Värm kycklinglåren, svampen och lökarna i såsen och servera med de stekta kycklingbrösten. Garnera med hackade dragonblad.

Bästa vännen:	3	Balanserad (*Smakrik halvmörk ale*)
Annan rolig vän:	2	Ljus och smakrik (*Smakrik lager*)

PIZZA MED FÄRSK SALSICCIA

4 PERSONER

DEG:
25 g jäst
1 ½ dl vatten
2 msk olivolja
250 g mjöl
1 tsk socker
1 tsk salt

TOMATSÅS:
½ gul lök, finhackad
2 vitlöksklyftor, finhackade
2 msk olivolja
2 msk tomatpuré
1 burk krossade tomater
salt och svartpeppar

TOPPING:
4 färska salsicciakorvar, skinnet borttaget, delade i grova bitar
2 buffelmozzarellor, tunt skivade
10 champinjoner, tunt skivade
½ gul lök, tunt strimlad
1 kruka basilika, bladen plockade
olivolja
peppar ur kvarn

Degen: Lös upp jästen med ljummet vatten och olivolja i en degbunke. Tillsätt mjölet och sockret och knåda degen länge tills den blir riktigt elastisk. Avsluta med saltet och knåda ytterligare ett par minuter. Låt jäsa till dubbel storlek.

Dela degen i fyra bitar. Forma till runda bullar och låt jäsa ytterligare en gång.

Forma dem till pizzor, bred på tomatsås och lägg på toppingen. Grädda dem på en het plåt i 250 grader varm ugn cirka 10 minuter.

Tomatsåsen: Stek lök och vitlök i olivoljan tills den är mjuk, men utan att den får färg. Tillsätt tomatpurén och stek ytterligare ett par minuter. Avsluta med att tillsätta de krossade tomaterna. Låt såsen koka ihop en aning och smaka av med salt och svartpeppar. Mixa tomatsåsen med en stavmixer, utan att den blir helt slät, och låt svalna.

Topping: Fördela ingredienserna, förutom basilikan, på pizzorna och sätt in i ugnen. Toppa de färdiga pizzorna med basilika, ringla över lite olivolja och avsluta med ett par drag med pepparkvarnen.

Bästa vännen:	3	Balanserad (*Smakrik halvmörk ale*)
Annan rolig vän:	2	Ljus och smakrik (*Smakrik lager*)

RAGGMUNK OCH FLÄSK

4 PERSONER

600 g stekfläsk

RÅRÖRDA LINGON:
200 g lingon
100 g socker

RAGGMUNKAR:
4 ägg
2 dl vetemjöl
4 dl mjölk
400 g potatis
½ gul lök

Rårörda Lingon: Rör lingon och socker väl i en skål. Låt stå ett par timmar i rumstemperatur så att sockret löses upp ordentligt.

Raggmunkar: Vispa äggen och mjölet slätt i en bunke. Tillsätt mjölken lite i taget under omrörning.

Skala och riv potatis och lök grovt på rivjärn. Pressa all vätska ur potatisrivet och lägg det i smeten. Smaka av med lite salt och peppar.

Stek rårakorna krispiga i en stekpanna.

Stek fläsket knaprigt och servera till rårakorna med rårörda lingon.

Bästa vännen:	3	Balanserad (*Mörk lager/halvmörk ale*)
Annan rolig vän:	2	Ljus och smakrik (*Smakrik lager*)

CLUB SANDWICH

4 PERSONER

4 majskycklingbröst
salt och peppar
8 skivor ljust surdegsbröd eller lantbröd, rostat eller grillat
1 huvud romansallad, hela blad
2 tomater, skivade
½ rödlök, tunt skivad
2 avokador, skivade
2 dl ört- och vitlöksmajonnäs (se *recept nedan*)
ev pommes frites till servering

ÖRT- OCH VITLÖKSMAJONNÄS:
2 dl majonnäs (se *recept sid 103*)
1 vitlöksklyfta, finhackad
1 msk dragon, finhackad
1 msk basilika, finhackad
1 msk persilja, finhackad
1 msk pressad citron
salt och peppar

Salta och peppra kycklingbrösten och stek dem på skinnsidan i en stekpanna tills skinnet är gyllenbrunt. Ställ in dem i ugnen på 100 grader tills kärntemperaturen är 68 grader. Låt vila i cirka 5 minuter innan brösten skivas upp.

Ört- och vitlöksmajonnäs: Blanda alla ingredienser väl i en bunke. Smaka av med salt och peppar.

Ta ett rostat bröd och lägg på ett par salladsblad, skivor av tomat, lök, och avokado samt ett par matskedar örtmajonnäs. Avsluta med ett skivat kycklingbröst och ytterligare en brödskiva.

Servera gärna med pommes frites.

Bästa vännen:	3	Balanserad (*Mörk lager*)
Annan rolig vän:	3	Balanserad (*Halvmörk mild ale*)

FRANSK RÅBIFF

4 PERSONER

400 g nymald köttfärs
1 bananschalottenlök, finhackad
30 g persilja, finhackad
2 msk kapris
salt och peppar

MAJONNÄS:
1 äggula
1 msk rödvinsvinäger
1 dl matolja, t ex rapsolja
2 msk dijonsenap
1 msk worchestershiresås
1 msk HP-sås
3 msk Heinz chilisås
2 cl eau-de-vie eller cognac
salt och svartpeppar

Till majonäsen: Vispa äggula, vinäger, matolja och dijonsenap hårt. Droppa i oljan lite i taget så att det binder och majonnäsen tjocknar. Tillsätt resten av ingredienserna och smaka upp med salt och svartpeppar.

Lägg köttfärsen i en bunke tillsammans med den hackade schalottenlöken, persiljan och kaprisen. Tillsätt hälften av majonnäsen och blanda väl, för en lösare konsistens, tillsätt mer majonnäs.

Smaka av med salt och peppar innan servering.

Servera gärna med nystekt lantbröd och cornichons, små inlagda gurkor.

Bästa vännen:	2	Ljus och smakrik (*Ljus smakrik ale*)
Annan rolig vän:	3	Balanserad (*Mörk lager/halvmörk ale*)

Abdij van
Belgisch Bier

KANTARELLTOAST

4 PERSONER

½ kg kantareller
1 banaschalottenlök, finhackad
50 g smör
1 timjankvist
2 cl portvin
3 dl vispgrädde
50 g gräslök, finhackad
salt och peppar
4 skivor bacon
4 skivor gott lantbröd, rostat
parmesanost

Rensa kantarellerna noga, dela de stora. Stek svampen i en stekpanna. När kantarellerna börjar få fin färg tillsätt schalottenlöken, smöret och timjankvisten. Fortsätt steka i ett par minuter. Sila av fettet genom ett durkslag och lägg tillbaks kantarellerna i pannan.

Tillsätt portvinet och låt det koka in, tillsätt sedan grädden och låt det koka ihop. När grädden tjocknat, tillsätt gräslöken. Smaka av med salt och peppar.

Stek baconet.

Fördela kantarellerna på brödet, toppa med bacon och hyvla lite parmesan över.

Bästa vännen:	3	Balanserad (*Mörk lager/halvmörk ale*)
Annan rolig vän:	2	Ljus och smakrik (*Smakrik lager*)

HUMMERSOPPA

4 PERSONER

8 hummerskrov
1 morot, skuren i grova bitar
1 gul lök, skuren i grova bitar
2 vitlöksklyftor
2 msk tomatpuré
2 kvistar timjan
1 lagerblad
4 cl cognac
1 dl vitt vin
5 dl vispgrädde
salt
½ dl standardmjölk

Rosta hummerskroven i 225 grader varm ugn cirka 20 minuter.

Bryn morot, lök och vitlök i en djup kastrull. Tillsätt tomatpurén och bryn i ytterligare ett par minuter.

Lägg i hummerskrov, timjankvistar och lagerblad. Späd med cognacen och vinet. Täck med vatten och låt koka upp. Sänk värmen och låt sjuda i cirka 30 min. Se till att skumma fonden då och då. Stäng av värmen helt efter 30 minuter och låt stå och dra i ytterligare cirka 30 minuter.

Sila fonden och koka ihop till hälften. Tillsätt grädden och reducera ytterligare. Smaka av med salt.

Innan servering: häll i ½ dl kall mjölk och mixa soppan skummig.

Bästa vännen:	2	Ljus och smakrik (*Ljus ale*)
Annan rolig vän:	3	Balanserad (*Smakrik halvmörk ale*)

HAMBURGARE

4 PERSONER

700 g nötfärs, grovmalen
salt och peppar
1 msk dijonsenap
1 msk HP-sås
4 blad isbergssallad
4 skivor bifftomat
12 skivor bananschalottenlök, tunt skuren
8 msk hamburgerdressing (*se här intill*)
4 hamburgerbröd
8 skivor bacon, stekta
4 tjocka skivor cheddarost

DRESSING:
1 stor saltgurka, tärnad och avrunnen
4 syltlökar, finhackade
4 msk majonnäs
½ msk dijonsenap
½ msk HP-sås
½ msk Heinz chilisås
några droppar worchestershiresås
salt och peppar

Blanda samtliga ingredienser till dressingen i en bunke och smaka av med salt och svartpeppar.

Salta och peppra färsen och knåda den ordentligt. Tillsätt senap och HP-sås och blanda väl. Forma färsen till fyra lika stora burgare.

Grilla eller stek burgarna. Avsluta med att lägga en ostskiva på varje och låt den smälta.

Lägg ett salladsblad på underdelen av brödet, sedan en tomatskiva, lök och dressing, fortsätt med burgaren, baconskivor och ovandelen av hamburgerbrödet.

Bästa vännen:	2	Ljus och smakrik (*Smakrik lager*)
Annan rolig vän:	3	Balanserad (*Smakrik halvmörk ale*)

ISTERBAND MED SENAPSSTUVAD POTATIS

4 PERSONER

4 isterband
500 g delikatesspotatis
5 dl standardmjölk
3 msk Maizena majsstärkelse
grovkornig dijonsenap
salt och peppar
½ dl bladpersilja, hackad
inlagda rödbetor till servering

Koka potatisen i saltat vatten. Låt svalna en aning och dela sedan potatisen i halvor.

Picka isterbanden med spetsen på en kniv och lägg på en plåt. Baka korvarna i 200 grader varm ugn.

Koka upp mjölken i en djup kastrull och red sedan av med maizenan, utrörd i lite kallt vatten. Koka cirka 3 minuter. Smaksätt stuvningen med senap, salt och peppar. Vänd ner potatisen och strö persilja över.

Servera med rödbetor och lite extra senap för den som önskar.

Bästa vännen:	2	Ljus och smakrik (*Smakrik lager*)
Annan rolig vän:	3	Balanserad (*Mörk lager*)

SMAKRIKA RÄTTER:

Maträtterna i den här kategorin har mycket smak, men är inte starka eller har mustiga smaker. Rätterna har ofta höga, rena smaker som stannar länge i munnen.

smakrik
7 st RECEPT
SMAKER SOM STANNAR LÄNGE I MUNNEN

BOEUF BOURGUIGNON

4 PERSONER

MARINERING:
1 kg högrev i bit, skuren i 3–4 cm stora tärningar
½ flaska rödvin
1 morot, skuren i grova bitar
1 gul lök, skalad och skuren i grova bitar
2 vitlöksklyftor, skalade
1 lagerblad
2 timjankvistar

TILLAGNING:
1 gul lök, skalad och skuren i grova bitar
1 morot, skuren i grova bitar
2 vitlöksklyftor, skalade
½ flaska rödvin
5 dl kalvfond
svålen från det rökta fläsket (*se under servering*)
2 timjankvistar
olja till stekning
salt och peppar

SERVERING:
150 g hårdrökt fläsk i bit, tärnat i 1 cm stora kuber och brynt
100 g steklökar, skalade och brynta
200 g champinjoner, delade i kvartar och brynta
4 knippmorötter, skalade och kokta
½ dl bladpersilja, strimlad

Lägg alla ingredienser till marineringen i en bunke och låt stå i kylen över natten.

Sila ner köttmarinaden i en kastrull. Koka upp vätskan och skumma noga.

Bryn köttet och grönsakerna, som har marinerat, hårt i en het stekpanna och lägg över allt i kastrullen. Låt sjuda tills köttet är helt mjukt och utan motstånd när du sticker en kniv igenom.

Bryn resterande grönsaker i en djup kastrull och tillsätt vinet, koka ihop tills hälften återstår. Tillsätt därefter kalvfond, svål, timjan och kokspadet och koka ihop tills såsen är simmig. Sila av såsen. Smaka av med salt och peppar.

Värm kött, rökt fläsk, champinjoner och steklök i såsen. Garnera med morötter och strimlad persilja. Servera gärna med potatispuré.

Bästa vännen:	5	Mörk och smakrik (*Smakrik mörk ale*)
Annan rolig vän:	3	Balanserad (*Mörkt veteöl*)

STAUB

BRÄSERAD LAMMLÄGG MED BÖNOR OCH TOMAT

4 PERSONER

2 dl stora vita bönor
4 lammläggar
1 gul lök, grovt skuren
1 morot, grovt skuren
4 vitlöksklyftor
3 dl vitvin
4 dl rödvin
1 rosmarinkvist
4 timjanskvistar
4 tomater, klyftade

Lägg bönorna i blöt över natten och koka dem sedan.

Salta och peppra lammläggarna och bryn dem sedan hårt i en stekpanna. Bryn lök, morot och vitlök hårt i en ugnsfast gryta.

Tillsätt vinet och örterna och lägg slutligen ner lammläggarna. Lägg på ett lock och ställ grytan i ugnen, på 140 graders värme. Låt lammläggen koka tills köttet lossnar från benet.

Lägg i de kokta vita bönorna och tomatklyftorna och smaka av med salt och peppar. Servera.

Bästa vännen:	5	Mörk och smakrik (*Smakrik mörk ale*)
Annan rolig vän:	3	Balanserad (*Mörkt veteöl*)

COQ AU VIN

4 PERSONER

2 hela kycklingar
2 morötter, grovt skurna
2 gula lökar, grovt skurna
4 vitlöksklyftor
4 timjankvistar
1 lagerblad
1 flaska rödvin

Maizena majsstärkelse
200 g bacon i bit, tärnat
200 g champinjoner, kvartade
100 g steklök
6 knippmorötter
20 g strimlad bladpersilja

Skär ut brösten på kycklingarna och dela kycklinglåren i lår och klubba.

Rosta kycklingskroven hårt i ugnen, 225 grader i cirka 30 minuter. Lägg dem i en djup kastrull tillsammans med hälften av morötterna, löken, vitlöken och timjankvistarna. Täck med vatten. Koka upp och skumma ordentligt, sänk sedan värmen och låt sjuda sakta i 4 timmar. Sila fonden och koka ihop den till hälften.

Marinera låren och klubborna med resten av grönsakerna, timjankvistarna, lagerbladet och en halv flaska vin. Låt stå över natten. Sila av vinet och koka upp det. Skumma noggrant.

Bryn kycklinglåren och grönsakerna från marinaden hårt och lägg allt i en kastrull. Tillsätt resten av vinet och även det reducerade vinet från marinaden. Låt kycklingen bräsera klart på låg värme, lyft ur kycklingbitarna och tillsätt kycklingfonden, reducera tills det smakar gott. Smaka av med salt och peppar. Red med lite maizena utrört med lite kallt vatten.

Stek bacon, champinjoner och steklöken gyllenbruna. Skala och koka knippmorötterna.

Vid servering: Stek brösten så de får färg och låt dem gå klart i ugnen på 140 grader till en kärntemperatur på 68 grader. Värm kycklinglåren, baconet, champinjonerna och steklöken i såsen. Garnera med knippmorötterna och persiljan. Servera gärna med potatispuré.

Bästa vännen:	5	Mörk och smakrik (*Smakrik mörk ale*)
Annan rolig vän:	3	Balanserad (*Smakrik halvmörk ale*)

LAMMLÄGG MED TOMATSÅS

4 PERSONER

4 lammläggar à 300–350 g
1 gul lök, grovt skuren
4 vitlöksklyftor
½ citron
4 tomater, grovt skurna
5 dl vitt vin
2 rosmarinkvistar
2 timjankvistar
1 lagerblad

1 burk krossad tomat
salt och peppar

POLENTA:
2 dl polenta (*helst riktig, inte snabbpolenta*)
1 liter standardmjölk
salt

GREMOLATA:
½ citron, skalet rivet och juicen pressad
½ dl persilja, hackad
½ vitlöksklyfta, finhackad
½ dl olivolja
salt och svartpeppar

Lägg löken, 4 vitlöksklyftor, en halv citron och tomaterna i en djup bunke. Lägg lammläggarna i bunken och tillsätt vin, rosmarin, timjan och lagerblad. Låt marinera i kylen över natten.

Ta upp läggarna ur marinaden och bryn dem hårt i en stekpanna. Lägg tillbaka dem med marinaden i en kastrull eller djup ugnsfast form och bräsera i ugnen på 140 grader. Stek köttet till dess att man lätt kan trycka en sticka genom köttet.

Lyft upp läggarna försiktigt och låt resten av vätskan koka vidare, tillsätt även de krossade tomaterna. När detta har kokat ihop och fått en kraftig smak, silas såsen. Smaka av med salt och peppar.

Gör polentan medan lammlägg och sås kokar. Polentan ska koka länge och på låg värme under omrörning då och då, så att den inte fastnar i botten och bränns vid.

Koka upp hälften av mjölken och rör i polentan. När polentan känns tjock och är svår att röra, späd med lite mer mjölk. Polentan är klar när den har fått en krämig konsistens. Smaka upp med salt.

Blanda alla ingredienserna till gremolatan i en skål och smaka av med lite salt och svartpeppar. Rippla gremolata över lammläggen och servera med polentan.

Bästa vännen:	5	Mörk och smakrik (*Smakrik mörk ale*)
Annan rolig vän:	2	Ljus och smakrik (*Smakrik ljus ale*)

OSSOBUCO

4 PERSONER

8 bitar gödkalvlägg, sågad i 3 cm tjocka skivor
salt och peppar
2 dl vetemjöl
1 gul lök, hackad
1 morot, fint tärnad
½ röd chili, finhackad
3 vitlöksklyftor, finhackade
2 dl vitt vin
2 timjankvistar
1 lagerblad
½ citron, skalet rivet och juicen pressad
1 burk krossad tomat
½ apelsin, skalet rivet och juicen pressad
4 dl kalvfond

GREMOLATA:
½ citron, skalet rivet och juicen pressad
½ dl persilja, hackad
½ vitlöksklyfta, finhackad
½ dl olivolja
salt och svartpeppar

SAFFRANSRISOTTO:
2 dl risottoris
1 bananschalottenlök, finhackad
½ vitlöksklyfta finhackad
1 nypa saffran
1 dl vitt vin
5 dl kycklingfond
50 g osaltat smör
50 g parmesanost, riven
salt och peppar

Salta och peppra köttet och vänd snittytorna i mjölet, skaka av överflödigt mjöl.

Stek köttet hårt i en stekpanna tills ytan är mörkt gyllenbrun.

Svetta löken, moroten, chilin och vitlöken i en vid, ugnssäker kastrull eller gryta tills de är mjuka. Tillsätt vin och koka ihop till hälften. Tillsätt sedan resten av ingredienserna och koka upp.

Lägg ner kalvläggen i vätskan, se till att köttet täcks helt. Lägg på lock eller aluminiumfolie och ställ kastrullen i ugnen (120–140 grader). Låt stå i ugnen tills köttet släpper från benen.

Lyft köttet ur kastrullen. Koka ihop såsen på spisen tills den börjar tjockna. Sila av såsen genom en grovmaskig sil och smaka av med salt och peppar.

Gremolatan: Blanda alla ingredienser i en skål och smaka av med lite salt och svartpeppar.

Saffransrisotton: Värm kycklingfonden i en kastrull.

Fräs schalottenlöken och vitlöken i en vid kastrull på låg värme utan att den får färg.

Tillsätt riset och höj värmen. Svetta ytterligare ett par minuter och tillsätt saffranen.

Häll på vinet och låt det koka in under konstant omrörning. Tillsätt sedan kycklingfonden lite i taget, fortsätt att röra hela tiden.

När riset är al dente, kokt, men med lite bitmotstånd, ta kastrullen från värmen och rör i smöret och sedan parmesanen. Smaka av med salt och peppar. Servera.

Värm köttet i såsen och lägg sedan upp på tallrik, snåla inte med såsen. Ringla lite gremolata över och servera med risotto.

Bästa vännen:	2	Ljus och smakrik (*Smakrik ljus ale*)
Annan rolig vän:	3	Balanserad (*Smakrik halvmörk ale*)

SVAMPRISOTTO

4 PERSONER

½ kg blandad svamp
2 msk smör till stekning
1 bananschalottenlök, finhackad
4 dl arborioris
2 dl vitt vin
1 liter kyckling-, svamp- eller grönsaksbuljong
100 g smör, rumstempererat
1 dl parmesan, riven
salt och peppar

Rensa svampen. Stek den i en stekpanna. När den börjar få färg och allt vatten är borta, tillsätt smör och fortsätt steka ett par minuter. Låt svampen rinna av i ett durkslag.

Stek löken i en vid kastrull utan att den får färg. Tillsätt riset och fräs det ett par minuter under omrörning. Häll på vinet och låt det koka in under omrörning. När man gör en risotto är det viktigt att man rör hela tiden.

Tillsätt den heta buljongen lite i taget. Riset är klart när det är genomkokt men fortfarande har lite tuggmotstånd.

Ta riset från värmen och rör ner smöret och sist parmesanen. Risotton ska ha en kämig konsistens.

Vänd ner svampen, smaka av med salt och peppar och servera.

Bästa vännen:	3	Balanserad (*Mörk lager*)
Annan rolig vän:	2	Ljus och smakrik (*Smakrik lager*)

ASIATISKA BBQ SPARERIBS

4 PERSONER

4 färska kambensrader eller tunna revbensspjäll à ca 600 g
1 gul lök, grovt hackad
1 morot, grovt hackad
4 vitlöksklyftor
salt

BBQ-SÅS:
2 dl plommonsås (*finns i välsorterade asiatiska butiker*)
2 char siu (*gul bönsås, finns i välsorterade asiatiska butiker*)
4 msk syltad ingefära
½ dl japansk soja, t ex Kikkoman
4 msk Heinz chilisås
1 vitlöksklyfta
10 kvistar koriander
4 szechuanpepparkorn

Koka kambenen i lättsaltat vatten tillsammans med lök, morot och vitlök tills köttet nästan lossnar från benen. Lyft upp försiktigt och kyl. När köttet har kallnat, dra försiktigt bort den hårda hinnan på baksidan av kambenen. Skär sedan mellan benen så du får ett ben på varje bit.

I en annan kastrull lägger du alla ingredienser till BBQ-såsen och kokar upp. Dra kastrullen från värmen och låt den dra i cirka 30 minuter. Sila sedan såsen.

Vänd runt kambenen i hälften av BBQ-såsen och rosta hårt i ugnen, cirka 225 grader, tills kambenen fått ordentligt med färg.

Servera och använd resten av BBQ-såsen som dippsås.

Bästa vännen:	4	Mörk och frisk (*Mörkt veteöl*)
Annan rolig vän:	1	Ljus och frisk (*Internationell lager*)

KRYDDIGA OCH SMAKRIKA RÄTTER:

Här gäller extra allt. Det är rätter av smakrikt kött, som smaksatts med allt gott som finns i krydd-skåpet. Dessutom har de fått ytterligare en dimension och extra sting med hjälp av heta kryddor.

Kryddig och smakrik

6 st *RECEPT*

SMAKER MED EXTRA STING AV HETA KRYDDOR

GRILLAD ENTRECÔTE ANTICUCHO

4 PERSONER

1 kg marmorerad entrecôte
salt och peppar

ANTICUCHODRESSING:
1 burk (340 g) aji panca (*chilipasta, finns att köpa i hallar och välsorterade matbutiker*)
1 ½ dl risvinäger
2 msk nymald svartpeppar
30 g vitlök, ca 10 klyftor
1 rågad msk salt
2 msk kumminfrön, rostade och malda
1 kruka färsk oregano, bladen
1 dl sake, värmd och flamberad
8 cl matolja, t ex rapsolja

Lägg aji panca, vinäger, svartpeppar, vitlök, salt, kummin, oregano och sake i en kannmixer och mixa slätt. Tillsätt oljan droppvis.

Stycka entrecôten i fyra lika stora bitar, salta och peppra. Grilla till önskad stekgrad och låt vila 5–10 min.

Servera köttet med anticuchodressingen och en härlig blandsallad.

Bästa vännen:	3	Balanserad (*Mörk mild ale*)
Annan rolig vän:	4	Mörk och frisk (*Mörkt veteöl*)

GULASCH

4 PERSONER

1 kg högrev skuren i tärningar, 5 x 5 cm
2 gula lökar, grovt skurna
2 vitlöksklyftor, hackade
2 röda paprikor, grovt skurna
½ röd chili, hackad
2 msk tomatpuré
1 msk kumminfrön, malda
1 msk paprikapulver
2 burkar krossad tomat
salt och peppar
smetana eller crème fraiche till servering

Bryn köttet hårt i en stekpanna.

Stek lök, vitlök, paprika och chili i en djup kastrull utan att den får färg.

Tillsätt tomatpuré, kummin, paprikapulver och stek ytterligare ett par minuter.

Lägg ner köttet i kastrullen och häll på tomatkross. Fyll på med vatten så att det täcker och låt koka ihop på svag värme tills köttet är helt mjukt.

Smaka av med salt och peppar och servera med en klick smetana.

Bästa vännen:	2	Ljus och smakrik (*Ljus ale*)
Annan rolig vän:	3	Balanserad (*Halvmörk, smakrik ale*)

KYCKLING TANDOORI

4 PERSONER

8 kycklinglårfiléer
1 dl tandooripasta (*finns i asiatiska mataffärer*)
2 msk tandoorikrydda (*finns i asiatiska mataffärer*)
1 dl turkisk yoghurt
2 vitlöksklyftor, finhackade
½ röd chili, finhackad
1 cm färsk ingefära, riven
salt och peppar
1 kruka koriander, grovt hackad
2 limefrukter
naanbröd eller jasminris till servering

Blanda alla ingredienser, förutom koriander och lime, i en bunke och smaka av med salt och peppar. Lägg ner kycklinglåren i marinaden och låt stå i ett dygn.

Ta upp kycklinglåren ur marinaden och lägg dem på en plåt. Stek i ugnen på 200 grader tills kycklingen är helt genomstekt.

Lägg upp på tallrikar och strö den hackade koriandern över, garnera med en halv lime.

Servera gärna med varma naanbröd eller kokt jasminris.

Bästa vännen:	1	Ljus och frisk (*Kryddigt veteöl*)
Annan rolig vän:	1	Ljus och frisk (*Internationell lager*)

MAROCKANSK LAMMGRYTA

4 PERSONER

1 kg grytbitar av lamm, t ex bog
1 gul lök, finhackad
2 vitlöksklyftor, finhackade
2 msk riven ingefära
½ röd chili, finhackad
2 msk tomatpuré
2 burkar krossade tomater
salt och peppar
2 msk koriander, grovt skuren

KRYDDBLANDNING:
2 msk spiskummin
1 msk mald kardemumma
1 msk mald kanel
2 msk mortlade korianderfrön
1 msk farinsocker
1 msk chilipulver

MYNTAYOGHURT:
1 dl turkisk yoghurt
2 msk hackad mynta
1 msk pressad citron
salt och peppar

COUSCOUS:
200 g couscous
2 salladslökar, strimlade
2 msk koriander, hackad
1 röd paprika, tärnad
3 msk flagade mandlar, rostade
5 msk russin
1 citron
salt och svartpeppar
2 msk mynta, strimlad

Skär köttet i 5 x 5 cm stora kuber och bryn dem hårt i en stekpanna.

Fräs den gula löken i en djup kastrull tills den är mjuk men utan att den får färg. Tillsätt kryddblandningen, vitlöken, ingefäran och chilin och fortsätt att fräsa ett par minuter. Tillsätt sedan tomatpurén och stek ett par minuter till.

Lägg i lammköttet och tillsätt de krossade tomaterna. Fyll på med vatten så det täcker och låt sjuda på låg värme tills köttet är helt mjukt. Smaka av med salt och peppar.

Myntayoghurt: Blanda alla ingredienserna i en skål och smaka av med salt och peppar.

Couscous: Koka upp 5 dl vatten, slå det över couscousen och täck med plastfilm. Låt stå och svälla tills couscousgrynen är mjuka. Tillsätt resten av ingredienserna, pressa i citronen och smaka av med salt och svartpeppar. Värm på och servera till lammgrytan, toppad med en klick myntayoghurt och koriandern.

Bästa vännen:	5	Mörk och smakrik (*Porter*)
Annan rolig vän:	3	Balanserad (*Mild, halvmörk ale*)

STAUB
STAUB

TEXAS CHILI

4 PERSONER

1 kg högrev, skuren i 5 x 5 cm
stora kuber
2 gula lökar, hackade
2 vitlöksklyftor, hackade
½ röd chili, hackad
½ flaska rött vin
1 liter kalvfond
2 timjankvistar
1 lagerblad

1 ancho chili, torkad
1 chipotle chili, torkad
2 dl kidneybönor, kokta
2 dl svarta bönor, kokta
1 burk majskorn, avspolade
½ dl starkt kaffe
salt och peppar
1 nypa socker
jasminris till servering

Bryn köttet hårt i en stekpanna.

Stek lök, vitlök och röd chili i en djup kastrull utan att det får färg.

Lägg ner det brynta köttet och häll på rödvinet. Låt vinet koka ner till hälften och tillsätt sedan kalvfond, timjan, lagerblad, ancho chili och chipotle. Koka på låg värme tills köttet börjar falla isär och är helt mjukt.

Tillsätt bönorna, majsen och kaffet. Smaka av med salt, peppar och en nypa socker.

Servera gärna med kokt jasminris.

Bästa vännen:	5	Mörk och smakrik (*Porter*)
Annan rolig vän:	3	Balanserad (*Mild, halvmörk ale*)

SHISH KEBAB

4 PERSONER

400 g lammfärs
1 vitlöksklyfta, finhackad
½ röd chili, finhackad
½ bananschalottenlök, finhackad och fräst
½ dl koriander, finhackad
½ persilja, finhackad
1 msk spiskummin, mald
2 msk korianderfrön, malda
1 msk garam masala
8 grillspett av trä

YOGHURTDRESSING:
1 dl turkisk yoghurt
½ gurka, skalad, riven och avrunnen
10 g mynta, finhackad
salt och peppar
lite pressad citron

Lägg grillspetten i vatten en stund. Då riskerar de inte ta eld vid grillningen.

Lägg färsen i en bunke tillsammans med vitlöken, chilin, löken, koriandern, persiljan och kryddorna. Blanda väl och smaka av med salt och svartpeppar.

Dela färsen i 8 lika stora delar, forma dem till korvar och trä dem på spett.

Grilla eller stek kebaberna och baka dem klart i ugnen på 150 grader tills de är klara.

Yoghurtdressing: Blanda yoghurt, gurka och mynta i en skål. Smaka av med salt och peppar och en skvätt pressad citron. Servera yoghurtdressingen till de grillade kebaberna.

Bästa vännen:	4	Mörk och frisk (*Mörkt veteöl*)
Annan rolig vän:	3	Balanserad (*Mild, halvmörk ale*)

DESSERTER:

Att välja öl till efterrätter kan bli en positiv överraskning för gästerna. Bäst resultat ger oftast de mörkare ölen med sina rostade och knäckiga aromer. Choklad är kanske det enklaste. Även frukt och bär fungerar, om man som tillbehör har lite krämiga konsistenser, till exempel vaniljsås.

Desserter

4 st RECEPT

EFTERRÄTTER SOM PASSAR TILL ÖL

VÅFFLA MED NUTELLA, BANAN OCH VANILJGLASS

4 PERSONER

4 nygräddade frasvåfflor
vaniljglass
1 dl torrostade jordnötter, grovt hackade

NUTELLAKRÄM:
8 msk Nutella (*hasselnötskräm*)
2 msk vispgrädde

KARAMELLKOKT BANAN:
2 bananer, skurna i grova bitar
2 msk vatten
1 dl socker

VANILJGRÄDDE:
1 dl vispgrädde
1 tsk vaniljsocker

Rör ihop Nutella och grädde till en kräm.

Koka vatten och socker i en kastrull tills det blir en gyllenbrun karamell. Låt karamellen svalna en aning. Lägg ner bananen och vänd runt försiktigt så att den inte mosar sig.

Vispa grädden och vaniljsockret fluffigt.

Lägg en våffla på varje tallrik och rippla sedan Nutellakräm över. Lägg på bitar av karamelliserad banan. Klicka på vaniljgrädde och en kula glass. Strössla hackade jordnötter på toppen.

Bästa vännen:	3	Balanserad (*Mild, halvmörk ale*)
Annan rolig vän:	5	Mörk och smakrik (*Porter*)

CRÈME BRÛLÉE

4 PERSONER

1 dl mjölk
3 dl grädde
½ vaniljstång, delad på längden och urskrapad
4 äggulor
60 g socker
4 msk råströsocker (*till karamellisering*)

Koka upp mjölk och grädde tillsammans med vaniljstång och urskrapade frön. Blanda äggulorna och sockret väl.

Tillsätt vätskan under omrörning och sila sedan av den genom en nätsil. Låt stå och dra i ett par timmar.

Fördela brûléesmeten i fyra ugnsfasta små formar. Baka dem i ugnen på 100 graders värme tills de har satt sig.

Låt svalna. Strö över socker och bränn av ytan strax innan servering.

Bästa vännen:	3	Balanserad (*Mild, halvmörk ale*)
Annan rolig vän:	5	Mörk och smakrik (*Porter*)

PEACH MELBA

4 PERSONER

4 mogna persikor, halverade och kärnan borttagen
2 ½ dl socker
2 ½ dl vatten
½ vaniljstång, delad på längden och urskrapad

HALLONSÅS:
ca 200 g frysta hallon
1 dl florsocker

SERVERING:
vaniljglass
16 maränger
20 färska hallon

Lägg socker, vatten och vanilj, stången och de urskrapade fröna, i en kastrull och koka upp.

Lägg ner persikohalvorna i kastrullen och täck med smörpapper. Låt persikorna sjuda på mycket låg värme tills de är helt genomkokta. Låt dem svalna i lagen.

Lyft upp persikorna försiktigt och dela dem i stora bitar.

Hallonsås: Tina hallonen och mixa dem med florsockret i en kannmixer. Sila såsen genom en finmaskig sil.

Fördela persikobitarna i fyra djupa tallrikar. Rippla över hallonsåsen.

Lägg en kula vaniljglass och några maränger på varje. Garnera med färska hallon.

Bästa vännen:	3	Balanserad (*Mild, halvmörk ale*)
Annan rolig vän:	2	Ljus och smakrik (*Ljus, mild ale*)

Black

VALRHONATARTE MED RÅRÖRDA BÄR OCH GLASS

4 PERSONER

TARTE:
170 g Valrhonachoklad, 70 %
1 ägg
120 ml grädde
65 ml mjölk

RÅRÖRDA BÄR:
4 dl frysta blandade bär, hallon, blåbär, björnbär och jordgubbar
2 dl socker

Smält chokladen över en kastrull med varmt vatten på spisen.

Vispa ägget fluffigt. Vänd ner ägget i den smälta chokladen.

Koka upp grädden och mjölken och häll den i chokladblandningen. Blanda väl.

Klä en liten ugnsfast form, en brödform eller liknande, med smörpapper och häll sedan i chokladblandningen.

Baka i ugn på 100 grader tills kakan har satt sig och har en konsistens som äggstanning. Låt den stå och svalna ett tag innan du ställer in den i kylen.

Lyft chokladkakan ur formen och skär den i bitar av önskad storlek.

Rårörda bär: Rör ihop bär och socker och låt det stå och tina tills sockret har löst sig.

Vid servering: låt bären rinna av i en sil och servera tillsammans med chokladkakan och en kula vaniljglass.

Bästa vännen:	5	Mörk och smakrik (*Porter*)
Annan rolig vän:	3	Balanserad (*Smakrik, halvmörk ale*)

GAS-

Öl och mat i kombination

Att kombinera mat och dryck är både roligt och gott, ju mer man övar, desto bättre blir man. Att välja öl till en middag med vännerna är ganska enkelt, men ju fler gäster och rätter som blandas, desto mer krävs det av den som ska sätta samman måltiden. Att skapa en måltid kräver att man tar hänsyn till ölet, maten och gästerna. Även kultur och årstid kan vara faktorer som påverkar hur maten och drycken ska kombineras.

En måltid ska vara en stegrande upplevelse, där varje rätt ska ge lite mer än den föregående i smak, styrka, konsistens, temperatur eller flärd.

Resan kan börja med en explosion i smak och doft för att väcka sinnena och lägga ribban för middagen. En god soppa eller en lyxig råvara som första rätt kan göra hela måltiden festlig.

Efter den första rätten ska middagen vara ett crescendo. Lätta rätter med finstämda toner serveras i början och under middagens gång ska stekytor och smaker öka i intensitet för att nå en topp i varmrätten. Regeln är att gå från fisk och skaldjur till kött, från ljust till mörkt kött, från magert till fett och att servera kyckling innan vilt och lamm.

Efter varmrättens orgie i smaker, konsistenser och kryddor är det gott med lite ost innan efterrätten. Alla middagar borde avslutas med något sött, så att kroppen, i brist på socker, inte hamnar i paltkoma och trötthet.

Se öl och mat som en resa i smaker, där man kan blanda in humor och lek för att nå den perfekta kombinationen.

MATEN

Maten påverkar hur ölet upplevs. Det är lättast att först välja öl och sedan laga mat till den för att nå de bästa kombinationerna. Ölet har sin givna karaktär, men maten kan man förändra. Grundsmakerna, styrkan och konsistenserna kommer att påverka ölets smak, och det kommer an på matlagaren att förstärka eller dämpa dem.

FAKTORER SOM PÅVERKAR VALET AV ÖL

- Salt

Många av de rätter som kallas klassisk ölmat har markerad sälta som sill, ost, Janssons frestelse, jordnötter och grillat kött. Ölets ryggrad är beskan och den kan vara lite svår i kombination med mat men mildras med sälta. När beskan minskar så ökar kropp och arom och ölet känns fylligare.

- Sött

Sötma i maten kommer att fångas upp av maltigheten i ölet. Söta efterrätter passar bra till öl med rostad malt.

- Beskt

Om det finns beska i maten kommer det att öka beskan i ölet. I sådana fall behövs någon sälta, lätt sötma eller krämighet för att de ska gifta sig.

- Stekt fisk, kött och fågel

Allt stekt passar till öl och gifter sig med ölets rostade toner öl.

- Kokt kött, fisk och fågel

Kokta rätter kan kombineras med antingen ljusa öl, där ölens smak gifter sig med rätten, eller med halvmörka till mörka, där ölen blir en extra aktör, på samma sätt som ett mörkt bröd till maten.

- Konsistenser

Gräddiga såser och potatisgratänger rundar av ölet och gör det mjukare. Feta rätter kan friskas till av beska i ölen. En löksoppa är så lätt att den kan vara svår att kombinera med öl utan att smakas av och skruvas till för att passa ölet. En krämig rätt däremot är mycket mer tillåtande och man kan chansa i ölvalet.

FUSKLISTA MAT KONTRA ÖL

- Sälta rundar av beskan i öl och ger mer arom till ölet
- Beska/bitterhet ökar mot beskan i öl
- Feta rätter fungerar bra mot beskan i ölet
- Chili och annan styrka i mat förstärker smaker och alkohol i ölet och kan göra ölet obalanserat.

ÖL

Ölets stora spektrum av dofter gör att vi kan hitta en mängd kombinationer, som kommer att skapa goda måltidsupplevelser. Avsaknaden av syra, gör att de kommer att kunna kombineras med en mängd maträtter med starka syror, som limen i ceviche, ättikan till sillen eller vinägern i salladen. Istället ligger fokus på aromerna och skapar en bra kombination.

Öl är som en kameleont och anpassar sig till miljön där den hamnar. En engelsk, lätt rostad ale kan till en lätt fiskrätt bli anonym och bara gömma sig, men till en viltgryta blir den en kraftig aktör, som visar alla sina smaker och aromer.

Ölets relativt låga alkoholstyrka gör att smakerna i ölet inte kommer att accelerera mot starka kryddor som chili. Maltigheten och aromen gör att öl passar till pepparsteken eller den heta thailändska rätten. Alkoholhalten är även viktig när man använder aromatiska kryddor som mynta; låg alkoholhalt gör det möjligt att kombinera dem med vissa ölsorter

Maltigheten ger ölet dess kropp och den kommer ofta att avgöra hur smakrik rätt du serverar till det. Kraftiga köttgrytor passar till smakrika/maltiga öl. Maltigheten gör även att öl kan kombineras med söt-salta kombinationer, som bruna bönor med salt fläsk. Det beror på att ölets struktur inte förändras, utan dofterna får leka med råvarorna och ge en bra kombination. Maltigheten gör att öl passar till söta rätter som vaniljsås med färska bär eller till chokladig kladdkaka.

Ölets beska gör att det passar bra till mat med tydlig sälta eller markerad fetma som Jansons frestelse. Beskan kommer att lätta upp det feta i rätten och sältan, som minskar ölets beska, får spela med sötman från potatisen och skapa en strålande kombination.

Även ölets kolsyra gör att det kommer att upplevas uppfriskande mot feta rätter, eftersom bubblorna lättar upp rätterna. Kolsyran rensar även gommen så att nya smaker kan komma fram.

Ölets komplexa arom kan vara allt från gräsigt grön, granskogsdoftande, eller kryddpepprig till rostad choklad. Det gör det spännande som aktör för att lyckas med att kombinera mat och dryck.

Den häftigaste aktören i ölet är den rostade malten, som kan vara allt från lätt rostat knäckebröd till kalaspuffar, eller mörkt rostat kaffe och choklad. Tänk på skillnaden mellan att lägga Kalixrommen på formfranska eller på en smörstekt skiva bröd och du förstår vikten av rostning. Vad skiljer kokt och stekt kött, om inte de rostade tonerna, som förför doftsinnet och får rätten att smaka gott. Ölets rostning gör att det nästan för enkelt passar till allt som är stekt eller grillat; de gifter sig och skapar goda kombinationer. Vissa råvaror kräver rostade toner i ölet, som vällagrade ostar, sill, strömming, gravad lax och smakrika korvar

FUSKLISTA ÖL KONTRA MAT

- Alkohol

Alkoholen i ölet ger både kropp och styrka. Öl med hög alkoholhalt kan bli spritiga om aromer eller maltighet minskar, när de kombineras med exempelvis fet mat. Öl med hög alkohol kan göra att aromatiska kryddor blir mer aromatiska.

- Maltighet

Graden av maltighet, kropp, i ölet ska anpassas efter smakrikedomen i maten så att det blir balans. En lätt pocherad fisk passar bra till ett mindre smakrikt öl, medan en mustig, grillad lammrygg med sås på karljohanssvamp behöver ett öl med mycket mer smak

- Beska

Beskan är ryggraden i ölet och kommer att vara en viktig faktor när man kombinerar med mat. Beskan är den smak som gör att vissa har svårt för öl och som får andra att älska det. Beskan lättar upp feta rätter. Beskan i ölet dämpas av sälta i maten och kommer då att upplevas som mer aromatiskt. De flesta klassiska ölrätter har markerad sälta.

- Kolsyra

Kolsyran rensar munnen och gör att drycken känns fräsch. Kolsyra kan lätta upp feta rätter.

Kolsyrebubblorna i öl gör gommen mottaglig för nya smakupplevelser och lättar upp feta rätter.

• Arom

Det finns olika skolor när det gäller att kombinera aromerna. Ett hårt rostat öl med massor av chokladaromer är självklart till chokladefterrätter, men även ett öl som doftar citrus fungerar. Det citrusdoftande ölet ger en upplevelse av citrus/choklad, som för tanken till romerska bågar. Det kan vara spännande att låta ölet följa aromerna i rätterna för att få dem att passa ihop, men det finns andra möjligheter. Jordgubbar doftar inte choklad och ändå passar de strålande ihop.

Asiatisk mat innehåller ofta citrus och koriander och det gör att man kan välja ett aromatiserat veteöl med sådana aromer.

Ta hjälp av brödigheten i ölets doft! Fundera över vilket bröd du skulle vilja ha till rätten och översätta det till vilket öl du ska kombinera med.

• Rostning

Denna ljuva gåva till drycken är den mest spännande nyckeln när man vill kombinera öl och mat. På samma sätt som när det gäller doft, så kan du fundera på vilket bröd du vill ha till rätten och översätta det till vilket öl du ska kombinera med. Rostningen gör ölvalet enkelt till stekt och grillad mat. Mörkt rostad malt ger chokladtoner, som passar bra till efterätter med choklad. Chokladtonerna i ölet gör även att det passar till frukt, nötter och annat som är gott till choklad.

Ett mörkt och friskt öl smakar gott till ostronen.

• Jäsningssätt

Hur ölet är jäst påverkar även förmågan att svara upp mot viss mat. Öl som jästs svalt under en längre tid får mer smak av malten den är tillverkad av och står mer upp i kombination med mat. Överjästa öl har mer aromer från tillverkningen och kan upplevas som kraftiga när man smakar dem, men i kombination med mat så kan aromen försvinna och ge en flyktig upplevelse.

• Vete

Vete ger stramare öl som känns friskare och är därför lättare att kombinera med svåra smaker, som hetta från chili och kryddor som koriander och curry. Veteöl gifter sig bra med intensivt syrliga rätter utan krämighet, som surkål eller ceviche. Till getostar passar ofta veteöl bra.

vänner och fiender

Öl är en måltidsdryck som kan kombineras med de mest framträdande syror, som ättika, eller råvaror i hela spektrumet från ostron till mörk choklad. I samtliga fall ger det strålande resultat. Öl har få fiender som kan stjälpa kombinationen, men dem bör man se upp med.

När öl och mat ska kombineras finns det vissa saker man bör ta hänsyn till. Om det är en stor fest med många gäster är det viktigt att sätta gästen i centrum. Fokusera inte för mycket på kombinationen, utan servera ett öl som passar de flesta och som fungerar till det som ska ätas.

Vissa råvaror eller smaker gör att de flesta öl smakar bättre. Andra råvaror eller smaker är svåra och kräver att maten smakas av och skruvas till för att passa ölet. När man väljer vilka öl som ska serveras, är det av stor vikt att veta vilka som ska njuta kombinationerna. Det behöver inte vara det häftigaste ölet, utan det som kräver minst uppmärksamhet som kommer att göra de flesta av vännerna nöjda.

Vid måltider med många människor måste man tänka på vad som blir minst dåligt. Att välja ett öl till en buffé är egentligen omöjligt, eftersom den innehåller massor av smaker, konsistenser och andra upplevelser, som kommer att påverka samspelet med ölet. Dessutom har var och en av gästerna sin smak, sina erfarenheter och fördomar om vad som passar eller inte gör det.

Även om det som serveras är något relativt enkelt som en tallrik med mat, potatis och lite sallad, är det nästan omöjligt att sätta den perfekta ölkombinationen. Du vet inte vad gästen har på gaffeln när han tar en klunk av ölet, kanske enbart sallad.

Ska man göra en extrem matchning i mat och dryck är det bra med rätter där allt är blandat, som i soppor, grytor och risotto. Då vet man hur ölet kommer att bete sig, men även i sådana fall kan man hamna i diket på grund av individuella smakpreferenser.

ATT TÄNKA PÅ VID ÖLVALET

Öl med alkoholhalt upp till 4–5% är lättare att kombinera med mat, eftersom öl med mindre alkohol

inte förstärker heta eller parfymerade kryddor i maten. Däremot är de mer extrema ölen med hög alkoholhalt, stor beska eller koncentration svåra att kombinera med mat. De ska hellre användas som solister och maten kan vara av en underordnad betydelse.

Udda ölstilar som rököl eller belgiska spontanjästa suröl är svåra att kombinera med mat och gör det svårare att tillfredsställa alla smaker runt bordet. Om man ska servera extrema öl till mat, så krävs det att den som väljer ut ölet är med och komponerar rätten så att de fungerar tillsammans. Och gäster med öppet sinne är en fördel. Bjuder man på extrema öl måste man veta att de som ska dricka det verkligen uppskattar allt spännande som serveras.

VÄNNER I MATEN

Ölets vänner är rätter med en markerad sälta, som i klassikerna rimmat fläsk eller sill, men även rätter med ost och sardeller. Rätterna kan gärna ha en krämig konsistens, som såser eller Jansons frestelse, som rundar av ölet. Sötsalta kombinationer får ofta ölet att visa sin bästa sida; inlagd sill, inlagd gurka och marinader är några exempel. Mat med naturlig fett som fläskkött, gifter sig bra med nästan alla ölsorter.

Alla typer av stekyta eller rostade toner på mat eller bröd samspelar väl med alla slags öl och får rätterna och ölet att passa som hand i handske. Särskilt bra är de rostade tonerna i öl till allt grillat och stekt, men även i de fall då man serverar rostat eller mörkt bröd till en rätt.

Till grillat kött kan man välja mellan många olika ölstilar och ändå vara säker på gästernas uppskattning.

Här är en lista med exempel på rätter och tillbehör, som passar till mängder av ölstilar, oberoende av färg, alkohol eller beska. Chansen till en perfekt matchning ökar om man använder ingredienser, råvaror eller rätter från listan nedan, när man kombinerar mat och öl.

- Feta rätter

Grädde, gratänger, gräddiga grytor och soppor, gräddiga såser, bearnaisesås, majonnäs, aioli, röror.

- Mat med sälta

Sill, hårdost, charkuterier, som alla sorters skinka, lufttorkad och rökt, allt rimmat kött och fisk, ugnsrostade rotsaker, pommes frites, nötter, chips, ostbågar.

- Smakrika kötträtter

Allt smakrikt kött som viltkött, lamm, vildfågel, anka, nötkött. Korv av alla slag, pastejer, BBQ, mustiga grytor, allt grillat, torkat kött.

- Smakrika fisk- och skaldjursrätter

Smakrika musselrätter, grillade skaldjur, fisk- och skaldjursspett, dillkokta kräftor, rökt fisk och skaldjur.

- Fläskkött

Grillat, kokt, rimmat eller rökt. Alla delar på grisen går ofta mycket bra till många olika stilar av öl.

- Sötsalta

Surkål, inläggningar

FIENDER I MATEN

Ölens fiender är tillbehör eller kryddor som kan ta över upplevelsen och gör det svårt att fånga ölets karaktär. En driven mat- och dryckeskonstnär kan använda även sådana smaker i kombination med öl, men man kanske ska undvika det om det är många runt bordet.

Ryggraden i många öl är beskan, en smak som inte alla uppskattar i höga doser och som därför bör användas med försiktighet. Ölets beska är sällan ett problem, men om det kombineras med beska smaker kan det bli för mycket. Kom ihåg att beska kan dämpas med sälta!

Rätter som consommé, som saknar krämig konsistens, är ofta svåra att kombinera med dryck överhuvudtaget. Där gäller det att vara försiktig, om det är en perfekt kombination som eftersträvas.

Vissa starka eller mycket aromrika kryddor har så mycket smak att de tar över kombinationen med öl. Väljer man alkoholsvaga öl med 3–4 % alkohol, kan det fungera med mynta i en rätt, men till öl med högre alkoholhalt kan upplevelsen bli mer som tandkräm.

Starka kryddor, som chili, ska användas med måtta, vid hög dosering kan chilin få vissa smaker i ölet att accelerera.

Vissa mycket lätta rätter, som inkokt röding, kan göra att ölen känns för rustik.

Smakerna i listan nedan kan också kombineras med öl. Dock krävs det lite extra av den som tar fram kombinationen.

- Beska rätter

Hårdstekt kött, allt bladgrönt, vissa frukter som grapefrukt och passionsfrukt, kakao.

- Mat med tunn konsistens

Klara soppor, buljonger

- Aromstarka kryddor

Färsk mynta och koriander.

Öl till årets fester

Att dricka öl vid högtider är en lång tradition. Då skörden var bärgad eller när natten var som längst på vintern, tog man fram ölet för att fira. Om någon hade gift sig eller dött, var öl den självklara drycken för att skåla i glädje eller sorg. Även idag är öl en dryck när något ska firas och ölet har en självklar plats i måltiden. Att ordna stora måltider, som ska pågå länge, kräver planering. Som i trafiken måste man veta när man ska gasa och bromsa. Alkohol har både bra och dåliga sidor. Öl är med sin relativt låga alkoholhalt ett bra val till måltiden, eftersom det inte berusar gästen så fort. Inte bara ölets förmåga att leka med andra smaker och styrkor, som i en snaps, utan också den dämpade alkoholhalten gör öl till ett bra alternativ. Vill man kombinera med kryddad sprit, är det svårt att välja annan dryck än öl.

Under de stora mathögtiderna äter vi mycket mat med smaker som ättika, salt och sötsalta kombinationer. Där är ölet perfekt med sin förmåga att anpassa sig till en blandning av smaker.

Den tunga och feta mat som vi nordbor gillar, passar bra tillsammans med öl. Ölets beska och kolsyra förenklar kombinationen med mat och lättar upp upplevelsen av rätterna.

JUL OCH PÅSK

Vid dessa högtider finns det massor av tillbehör på bordet som inlagd gurka, senap, såser, gelé, sylt och mos, som kommer att påverka vilken dryck som passar bäst. Rekommendationen är att gärna ha minst två öl upphällda i glas för att se vad som roar smaklökarna bäst. Som tur är så älskar öl utmaningar, det har en förmåga att anpassa sig till det som behövs.

Till äggrätterna passar det bra med ljusa men smakrika öl, utan för hög beska, och sådana passar även bra till många av laxrätterna.

Till de sill- och strömmingstäta festerna passar öl med rostad karaktär perfekt! Vem skulle vilja ha en formfranska under löksillen, istället för ett välgräddat knäckebröd? Ofta brukar sill och strömming kompletteras med lagrade hårdostar, och även

SAMUEL ADAMS
Duvel
D. CARNEGIE & CO
GRUNDAT 1836
BROWN ALE
Duvel

Estrella
Estrella
Budweiser

där faller valet på de mörkare ölen.

Det kallskurna köttet med smakrikedom och sälta kombineras med smakrika öl, som också här kan vara halvmörka till mörka. Även smakrika, ljusa öl eller mörka veteöl, kan ge bra kombinationer.

Till det varma köttet och charkuterierna passar de flesta öl, även om de mörkare kommer att gifta sig bäst med stektonerna i maten.

Även de lagrade hårdostarnas lagringstoner eller grönmögelostens stuns passar till de mustigaste, mörka ölen.

När njutningen är som störst och maten ska smältas med lite snabba kolhydrater som fina chokladtryfflar, så kommer det mörka ölets rostade toner att göra sig bra. Den som sparat sin porter i några år, kommer att skörda mycket njutning.

Det är inte underligt att de flesta påsk- och julbrygder är halvmörka till mörka. För att få en riktigt underbar kombination vid dessa högtider, ska man våga prova de allra mörkaste ölsorterna. Njut av hur de rostade, chokladdoftande och mustiga smakerna samspelar med bordets alla smaker, konsistenser och aromer.

MIDSOMMAR

Mycket av midsommarens sillar med gräddfil och lök passar bra med mörka öl, men många brukar vilja dricka ljusa öl; kanske för att hylla sommarens ljus. Välj i så fall gärna ett smakrikt ljust öl eller ett veteöl för att få bra kombinationer.

Ska man grilla fisk, fågel och kött, med olika styrkor i marinaden, rekommenderas halvmörka öl med medelstor intensitet för att möta grilltonen i maten.

Till jordgubbarna kan den som vågar försöka hitta den belgiska spontanjästa ölstilen Geuze, som med sin friskhet kan bli en god kombination till bären. Det finns även veteöl som gör rättvisa åt de goda jordgubbarna.

KRÄFTSKIVAN

På kräftskivan ska det självklart drickas öl till alla delikatesser. Mycket på bordet har markerad sälta och är smakrikt.

Till kräftor passar det bra med öl som är smakrika och är gjorda av rostad malt. Ölet kan antingen vara en mörk lager med markerad beska, som kommer att rundas till av sältan, eller en mörk ale med mustiga smaker, som kommer ge en egen dimension till kombinationen.

Ofta serveras kantarellpaj, västerbottenpaj och hårdost till de härliga kräftorna, och då fungerar mörka och smakrika öl perfekt. Om man valt en porter kan den också drickas till den avslutande härligt chokladiga kladdkakan.

Med kräftskivans många smaker och salta upplevelser är det viktigt att dricka mycket vatten så att kropp och munhåla är i balans!

Öl är en given dryck till midsommarfesten.

Ost och öl, de bästa av vänner

Ost är en av ölets bästa vänner och ger härliga måltidsupplevelser och kombinationer. Att grundligt gå igenom vilket öl, som passar till vilken ost, skulle kräva en egen bok.

Ost har tillverkats sedan människan började hålla tamdjur som gick att mjölka. Med tiden har mängder av ostar i olika stilar utvecklats. Ostarna kan vara unga, friska och krämiga eller hårda och lagrade med både nöttoner och saltkristallisering. Även om man kan förenkla och säga att en vitmögelost passar till ljust tjeckiskt öl, så är det en stor skillnad mellan olika brieostar, till exempel. De enklaste doftar och smakar smör, medan de mest avancerade kan ha smak av champinjoner, nötter och ha en lång eftersmak. För att få fram den öl som passar bäst till ens favoritost, måste man pröva sig igenom många kombinationer.

De öl som oftast passar bäst till ost i allmänhet är halvmörka till kraftigt mörka med smak från fylliga till kraftiga. Sök i ölkartan efter de öl som är i mittenrutan eller den övre högra rutan. Öl med utmärkande aromer som citrus, typ amerikanska India Pale Ale, eller choklad, brukar passa bra till en stor grupp ostar.

HÅRDOSTAR UTAN UPPVÄRMD OSTMASSA

Hit räknas ganska mjuka hårdostar som fransk morbier med en svag nötighet och generös smak. Öl som passar bäst till är halvmörka öl med mellan- till mycket smak. Ölet kan ha en markerad beska för att möta ostens krämighet.

Några förslag är Staropramen Dark, Kilkenny, Brooklyn Lager, Brooklyn Brown Ale, Newcastle Brown Ale och Leffe Brune.

HÅRDOSTAR MED UPPVÄRMD OSTMASSA

Alpostarna comté och gruyère, är de stora stjärnorna, men även svenska hårdostar och holländsk Gouda är bra exempel. Dessa ostar smakar mycket olika beroende på hur de är lagrade och hur lång tid.

Undvik öl med hög alkoholhalt om osten är lagrad riktigt länge, 18 månader eller mer, sådan öl

IL PECORINO

smakar inte bra att dricka till.

Öl som passar bäst är halvmörka till mörka, smakrika öl med karaktär. Pröva med Carnegie Porter, Chimay blå, Brooklyn East India Pale Ale, Double Chocolate Stout.

VITMÖGELOSTAR

Den lättlagrade osten med mjukt, vitt mögel, som brie och camembert, har utvecklad svampdoft och viss nötighet.

Öl som passar bra till dessa ostar är ljusa öl med medel- till mycket smak. Det är bra med en markerad beska. Den kommer att ge ostens krämighet en match. Till starkt champinjondoftande camembert kan det vara bra med en kraftigare ljus öl eller en med lite färg och rostade toner. Till mjuka brieostar passar det även bra med klassiska svenska ljusa öl. Några exempel är Staropramen och Carlsberg Sort.

KITTOSTAR

Det här är ostar som doftar som gamla gymnastikskor, men smakar strålande. När osten tillverkas tvättas osten med salt eller sprit, som håller den vita mögelkulturen stången och ger ytan en gulröd färg. Den tvättade ostens mögel bidrar till den starka aromen. Ostar som pont-l'Évêque räknas hit men även ostar som en äkta port-salut och italiensk taleggio.

När man väljer öl till en starkt doftande kittost, får ölen gärna dofta knäckigt och brödigt, men ska inte ha för hög alkoholhalt. Halvmörka öl med balanserad smak och styrka gör att den starka doften inte accelererar.

Bra öl är halvmörka öl, som är halvfylliga till fylliga med viss beska, som Staropramen Dark, Kilkenny, Brooklyn Lager, Brooklyn Brown Ale, Newcastle Brown Ale.

GRÖNMÖGELOSTAR

Om man kallar det som ger osten karaktär för grönmögel eller blåmögel är en smaksak och handlar delvis om färgen. Ostarna finns i många stilar och smaker. Mögelmängden varierar stort från ost till ost, liksom hur starkt möglet smakar. Osten tillverkas med mjölk från både får och kor eller med en blandning av bägge. Den kan vara fast eller krämig och med olika lång lagring. En bra mögelost har en härlig blandning av ostaromer och mögeltoner.

Grönmögelostarna varierar i styrka, sälta och smak och det är något man får anpassa sitt öl till. Grönmögelostar passar med mörka bröd eller söta tillbehör. Tänk på sådana aromer när du kombinerar grönmögelost och öl. Sök efter sorter med bra fruktighet och markerade rostade toner, det brukar få smaklökarna att sjunga. Välj halvmörka till mörka, smakrika öl med karaktär.

Goda öl till grönmögelostar är Carnegie Porter, Chimay blå, Brooklyn East India Pale Ale, Double Chocolate Stout.

GETOSTAR

Getostar finns i alla ovan nämnda kategorier från hårdost till mögelost, vilket gör det svårt att tala om den perfekta matchningen. Form och färg varierar, vissa kan vara rullade i aska eller vara vita som snö. Lagringen kan göras i grotta eller i kylrum.

Nästan alla franska regioner har sin egen getost, variationen är enorm. Smaken av get är ofta markerad, dessutom har getmjölken en friskhet som komjölk saknar. Den animaliska tonen plus friskheten kommer att förstärkas av alkohol och de lättare stilarna av getost kommer att dödas av för mycket kraft i ölet.

Öl som brukar passa bra är alla slags veteöl.

Några förslag är Kronenbourg 1664 Blanc, Paulaner Weissbier Kristall, Hoegaarden Witbier, Erdinger Weissbier Kristallklar, Franziskaner Hefe-Weissbier, Franziskaner Hefe Dunkel.

Register